UM PRESENTE PARA

DADO POR

EM

---

*Copyright © 2012 Freeman-Smith, a division of Worthy Media, Inc.
134 Franklin Road, Suite 200, Brentwood, Tennessee 37027*
Todos os direitos desta obra em português pertencem à Geográfica
Editora © 2016
1ª Edição – Novembro de 2019

IMPRESSO NO BRASIL

Editor responsável
Marcos Simas

Supervisão editorial
Maria Fernanda Vigon

Tradução
Daniel Guanaes

Preparação de texto
Roberto Barbosa

Revisão
João Rodrigues Ferreira
Carlos Buczynski
Nataniel dos Santos Gomes
Patricia Abbud Bussamra

Diagramação
Pedro Simas

Para qualquer comentário ou dúvida
sobre este produto, escreva para
produtos@geografica.com.br

R964p   Russell, Kim
          O plano de Deus para mudar sua vida: abrace as mudanças / Kim Russell. Traduzido por Daniel Guanaes. – Santo André: Geográfica, 2019.

          208p. ; 12x17cm.
          ISBN 978-85-8064-219-3

          1. Fé cristã. 2. Vida cristã. 3. Palavra de Deus. I . II. Guanaes, Daniel.

          CDU 241.511

Catalogação na publicação: Leandro Augusto dos Santos Lima – CRB 10/1273

O PLANO DE DEUS PARA MUDAR SUA VIDA

1ª Edição
Freeman - Smith

Geográfica editora

Santo André, SP - 2020

ÍNDICE

Introdução	7
1. Abraçando a mudança	11
2. Deus não muda	17
3. Aceitando as coisas que você não pode mudar	23
4. O plano de Deus e os dias difíceis	29
5. Administrando o estresse	37
6. Autoestima de acordo com Deus	43
7. Um renovado senso de propósito	51
8. Mesmo quando mudar é difícil, não há problema grande demais para Deus	57
9. Suportando o desemprego	65
10. Renovado a cada dia	71
11. A atitude certa	77
12. Fazendo as pazes com o passado	83
13. Não desista!	91
14. Considere as possibilidades	97

15. Quando chega a depressão 103
16. Mantendo os bens em perspectiva 111
17. Suportando tempos difíceis 117
18. Fazendo hoje 125
19. Viva com coragem 133
20. Você nunca está sozinho 141
21. Seja grato e adore a Deus 149
22. Estude a Palavra de Deus 155
23. Aceitando conselhos 163
24. Usando os seus talentos 169
25. O poder da esperança 175
26. Seu futuro brilhante 183
27. O sistema de valores que você deve seguir 191
28. A proteção máxima 199
29. Ele não muda 205
30. Compartilhe seu testemunho 213

INTRODUÇÃO

Sabemos que Deus age em todas as coisas para o bem daqueles que o amam, dos que foram chamados de acordo com o seu propósito.
Romanos 8.28

Se você está lidando com circunstâncias inesperadas ou com mudanças indesejadas, certamente não está sozinho. No mundo acelerado de hoje, muitas pessoas se encontram em situações que jamais poderiam prever e cuja dimensão não são capazes de compreender totalmente.

A Palavra de Deus afirma que todas as coisas cooperam para o bem daqueles que o amam. Mesmo assim, às vezes nos deparamos com situações tão turbulentas que simplesmente não conseguimos compreender como elas podem fazer parte de algum projeto de Deus para a nossa vida.

A fé cristã, tal qual comunicada pelas palavras da Bíblia Sagrada, é uma fé que cura. Ela nos oferece conforto em tempos de dificuldade, coragem para os nossos medos e esperança em vez de desespero. Por meio das palavras de cura encontradas nas promessas de Deus, os cristãos acreditam que o Senhor continua a realizar o plano divino quer nos dias bons, quer nos dias maus.

Se você está vivendo o choque de um contratempo recente ou se ainda está sofrendo por uma perda de muito tempo atrás, saiba que este livro tem o objetivo de ajudá-lo. Portanto, nos próximos trinta dias, tente experimentar o seguinte: leia um capítulo por dia e guarde as ideias de cada um deles em seu coração. Em seguida, aplique as lições que você guardou no coração às realidades do seu dia a dia. Quando você aplica a mensagem de Deus nas demandas do seu cotidiano, rapidamente descobre que a Palavra do Senhor tem poder para mudar tudo, inclusive você.

Adversidades não existem para serem temidas, mas para serem enfrentadas e superadas. Se este livro puder ajudá-lo neste sentido, ainda que de forma mínima enquanto você atravessa os momentos difíceis da sua jornada, ele terá cumprido o seu propósito. Que Deus o abençoe e guarde, e que ele mantenha a mão sobre sua vida hoje e sempre.

Capítulo 1

ABRAÇANDO A MUDANÇA

"*Ele dizia: 'Arrependam-se,
porque o Reino dos céus está próximo.'*"
—
Mateus 3.2

O PLANO DE DEUS PARA MUDAR SUA VIDA

Em nosso mundo acelerado, a vida tem se transformado em um constante exercício de administração das mudanças que ocorrem. Nossas circunstâncias mudam, nossos relacionamentos mudam, nossos corpos mudam. Nós envelhecemos todos os dias, da mesma forma que o mundo envelhece diariamente. Ainda bem que Deus não muda. Ele é eterno, assim como são eternas as verdades encontradas em sua Palavra.

As ideias contidas neste livro pretendem ajudá-lo a aceitar as mudanças – e a abraçá-las – enquanto continua a buscar a revelação do projeto de Deus para a sua vida.

Você está enfrentando alguma das inevitáveis mudanças de percurso que acontecem na vida? Se estiver, lembre-se de que você deve colocar sua confiança, sua fé e sua vida nas mãos daquele que não muda: o seu Pai Celestial. Ele é a rocha inabalável sobre a qual você deve construir a vida hoje e em cada dia da sua existência. Quando faz isso, você está seguro.

ABRAÇANDO A MUDANÇA

"Confie no SENHOR de todo o seu coração e não se apoie em seu próprio entendimento; reconheça o SENHOR em todos os seus caminhos, e ele endireitará as suas veredas."

Provérbios 3.5-6

"Apeguemo-nos com firmeza à esperança que professamos, pois aquele que prometeu é fiel."

Hebreus 10.23

"Porque vivemos por fé, e não pelo que vemos."

2Coríntios 5.7

"Quem examina cada questão com cuidado, prospera, e feliz é aquele que confia no SENHOR."

Provérbios 16.20

"Pois os olhos do SENHOR estão atentos sobre toda a terra para fortalecer aqueles que lhe dedicam totalmente o coração. Nisso você cometeu uma loucura. De agora em diante terá que enfrentar guerras."

2Crônicas 16.9

ANTECIPANDO SUA PRÓXIMA GRANDE AVENTURA

Há quem diga que a rotina é uma espécie de morte. Vale a pena refletir nessa afirmação. Você já transformou sua vida em uma aventura empolgante ou ainda permite que as distrações do dia a dia roubem de você a noção de que sua vida é parte de um grande propósito de Deus?

Como cristão, você tem todas as razões para celebrar. Portanto, caso você se perceba preso a uma rotina morta, refém de uma circunstância desagradável ou em uma dificuldade de relacionamento, deixe de lado a zona de conforto e ponha em ação as mudanças que o seu coração julga serem corretas. Afinal de contas, no Reino de Deus não deve haver espaço para discípulos abatidos, desencorajados ou com o coração prostrado. Deus tem um plano bem melhor do que esse, e você não pode se contentar enquanto não estiver vivendo esse plano.

> Com Deus, não importa a pessoa que você foi; mas, sim, em quem você está se tornando.
>
> — *Liz Curtis Higgs*

ABRAÇANDO A MUDANÇA

Em um mundo cada vez mais caótico por causa de tantas mudanças, eventualmente você descobrirá o mesmo que eu descobri: uma das qualidades mais preciosas de Deus é o fato de que ele não muda.

Bill Hybels

Mera mudança não significa crescimento. Crescimento é a síntese de mudança e progresso, de forma que onde não há progresso não há crescimento.

C. S. Lewis

Quando estou seguro em Cristo, eu posso suportar assumir riscos em minha vida. Só o inseguro não corre o risco de fracassar. Aquele que está seguro pode ser honesto sobre si, ele assume suas falhas, ele é capaz de buscar ajuda e tentar de novo. Ele pode mudar.

John Maxwell

UM CONSELHO PARA ABRAÇAR AS MUDANÇAS

Mudanças são inevitáveis. Não tenha medo delas. Abrace-as.

UM MOMENTO PARA REFLETIR

Meus pensamentos sobre a necessidade de abraçar as mudanças que Deus tem proposto ao longo de minha jornada.

Capítulo 2

DEUS NÃO MUDA

*"Parem de lutar! Saibam que
eu sou Deus! Serei exaltado entre
as nações, serei exaltado na terra."*

—

Salmo 46.10

Estes são tempos de grandes incertezas. À medida que nos acostumamos com elas, ou que somos até mesmo anestesiados por elas devido às muitas notícias inquietantes, precisamos nos lembrar de que este é um mundo de incessantes mudanças. Deus, no entanto, não é. Assim, quando o mundo parece estar tremendo debaixo dos nossos pés, podemos ser confortados pela verdade de que o nosso Pai Celestial é uma rocha inabalável. Sua Palavra promete: "De fato, eu, o SENHOR, não mudo" (Malaquias 3.6).

Todos os dias, nós, os mortais, nos deparamos com uma quantidade imensa de mudanças – algumas boas e outras nem tanto. Todos nós, cedo ou tarde, enfrentamos mudanças significativas na vida, relacionadas a perdas, que partem o nosso coração. Quando passamos por esses momentos, nosso Pai Celestial permanece pronto para nos oferecer conforto, nos guiar e, quando desejar, nos curar.

> Não há apenas temor, mas grande perigo para aquele cuja vida não está guardada por Deus.
> —
> *Oswald Chambers*

O mundo está girando rápido demais para você? Você está atravessando incertezas angustiantes, circunstâncias difíceis ou mudanças indesejadas? Se estiver, lembre-se de que Deus é infinitamente maior do que qualquer problema que você possa enfrentar. Logo, em vez de se preocupar com os desafios inevitáveis da vida, coloque sua fé no Pai e em seu único e amado Filho. Afinal, "Jesus Cristo é o mesmo ontem, hoje e para sempre" (Hebreus 13.8). E é justamente porque o seu Salvador não muda que você pode enfrentar com coragem seus desafios de hoje e ser preenchido de esperança para o dia de amanhã.

Você está ansioso por causa de situações que estão fora do seu controle? Entregue sua ansiedade a Deus. Você está atribulado? Entregue seus problemas a Deus. O local onde você se encontra lhe parece assustador? Busque proteção naquele cuja existência é segura como uma rocha. O mesmo Deus que criou o universo o protegerá, caso você lhe peça... então, peça-lhe... e sirva-o com mãos dispostas e coração confiante.

"Assim conhecemos o amor que Deus tem por nós e confiamos nesse amor. Deus é amor. Todo aquele que permanece no amor permanece em Deus, e Deus nele."

1João 4.16

"Como o Pai me amou, assim eu os amei; permaneçam no meu amor."

João 15.9

"Graças ao grande amor do SENHOR é que não somos consumidos, pois as suas misericórdias são inesgotáveis."

Lamentações 3.22

"Reflitam nisso os sábios e considerem a bondade do SENHOR."

Salmo 107.43

"Porque Deus tanto amou o mundo que deu o seu Filho Unigênito, para que todo o que nele crer não pereça, mas tenha a vida eterna."

João 3.16

Às vezes nós precisamos de uma visão do alto para compreender o que Deus está fazendo em nossa vida. Se ao menos pudéssemos ver o que ele vê, já seríamos um pouco mais iluminados.

Dennis Swanberg

Em todos os velhos castelos da Inglaterra havia um lugar chamado de fortaleza. Sempre era o lugar mais seguro e protegido do castelo, e nele ficavam escondidos aqueles que eram fracos e incapazes de defenderem a si mesmos nos momentos de perigo. Será que devemos ter medo de nos escondermos na fortaleza poderosa do nosso Deus, que não dorme nem cochila e que prometeu guardar a nossa saída e a nossa entrada, desde agora e para sempre?

Hannah Whitall Smith

UM CONSELHO PARA ABRAÇAR AS MUDANÇAS

Deus está aqui, e ele quer estabelecer uma relação de intimidade com você. Quando você o buscar com sinceridade, sentirá sua presença.

UM MOMENTO PARA REFLETIR

Meus pensamentos sobre o poder de Deus e seu amor.

_____

_____

_____

_____

_____

_____

_____

_____

_____

_____

_____

_____

Capítulo 3

ACEITANDO AS COISAS QUE VOCÊ NÃO PODE MUDAR

*"Pois tudo o que Deus criou é bom,
e nada deve ser rejeitado,
se for recebido com ação de graças."*

—

1 Timóteo 4.4

O PLANO DE DEUS PARA MUDAR SUA VIDA

Você está amargurado por causa de alguma mudança inesperada ou por algum desafio que não consegue entender o porquê de o estar enfrentando? Se sua resposta for positiva, talvez seja tempo de aceitar o passado que não pode ser alterado e ter fé na promessa de um amanhã diferente. É tempo de confiar completamente em Deus – tempo de resgatar a paz – a paz de Deus – que pode, e deve, ser sua.

Em algumas ocasiões, você será confrontado com situações que simplesmente não entenderá. Mas precisa se lembrar de que Deus é sábio. E que existe uma razão para tudo aquilo que ele faz.

Deus não dá explicações que nós, mortais e com visão limitada e embaçada, possamos compreender plenamente. Por isso, em vez de tentarmos entender todo e cada aspecto do plano de Deus para a nossa vida e para o universo, devemos nos satisfazer em confiar totalmente nele. Não somos capazes de conhecer as motivações de Deus, nem mesmo de compreender completamente seu agir. No entanto, nós podemos confiar nele. Na verdade, isso é o que devemos fazer.

"Em seu coração o homem planeja o seu caminho, mas o SENHOR determina os seus passos."

Provérbios 16.9

> *"Esqueçam o que se foi; não vivam no passado. Vejam, estou fazendo uma coisa nova! Ela já está surgindo! Vocês não a reconhecem? Até no deserto vou abrir um caminho e riachos no ermo."*
>
> *Isaías 43.18-19*

> *"Ele respondeu: 'Você fala como uma insensata. Aceitaremos o bem dado por Deus, e não o mal?' Em tudo isso Jó não pecou com os lábios."*
>
> *Jó 2.10*

> *"Sujeite-se a Deus, fique em paz com ele, e a prosperidade virá a você."*
>
> *Jó 22.21*

> *"Jesus, porém, ordenou a Pedro: 'Guarde a espada! Acaso não haverei de beber o cálice que o Pai me deu?'"*
>
> *João 18.11*

QUANDO OS SONHOS NÃO VIRAM REALIDADE

Alguns dos nossos maiores sonhos são justamente os que abandonamos. Alguns dos nossos maiores objetivos são aqueles que não atingimos. Em algumas ocasiões, nossas jornadas mais importantes são aquelas nas quais temos a sensação de que nos deparamos com um beco sem saída. Graças a Deus, com o Senhor não existem becos sem saída. Existem apenas oportunidades que nos fazem aprender, produzir, confiar, servir e crescer por meio delas.

Na próxima vez que você experimentar um daqueles desapontamentos inevitáveis da vida, não se desespere nem fique com medo de tentar um "Plano B". Considere cada revés como uma oportunidade de escolher um caminho diferente, e certamente mais apropriado. Tenha fé de que Deus, de fato, o conduzirá por uma direção completamente nova, uma direção mostrada por ele. E enquanto você der o próximo passo, lembre-se de que o que parece um beco sem saída para você pode ser, na verdade, o caminho perfeito para Deus.

Render-se ao Senhor não deve ser um tremendo sacrifício ou uma performance agonizante. Deve ser a coisa mais sensata que você pode fazer.

Corrie ten Boom

No Reino de Deus, a forma mais certa de você perder algo é tentando protegê-lo, e a melhor forma de manter algo é deixando-o ir.

A. W. Tozer

O trabalho de amanhã é resultado da aceitação de hoje. Aceitação daquilo que, ao menos naquele momento, você não pode alterar.

Max Lucado

UM CONSELHO PARA ABRAÇAR AS MUDANÇAS

Às vezes, as bênçãos que Deus nos dá não são aquelas que pedimos. No entanto, mesmo quando não conseguirmos entender o plano de Deus para a nossa vida, nós devemos ser gratos por sua perspectiva eterna e por seu eterno amor.

Em última instância, tudo funciona melhor para aqueles que conseguem fazer as coisas da melhor maneira.

—

Barbara Johnson

UM MOMENTO PARA REFLETIR

Meus pensamentos sobre as coisas que eu não posso mudar.

_____

_____

_____

_____

_____

_____

_____

_____

_____

_____

_____

Capítulo 4

O PLANO DE DEUS E OS DIAS DIFÍCEIS

*"Quem é o homem que teme o SENHOR?
Ele o instruirá no caminho que deve seguir.
Viverá em prosperidade, e os seus descendentes
herdarão a terra."*
—
Salmo 25.12-13

É is um enigma dos tempos antigos: Por que Deus nos permite enfrentar tempos difíceis? Afinal de contas, se nós acreditamos que Deus é Todo-poderoso e que suas mãos moldam nossa vida, por que ele simplesmente não nos resgata – a nós e aos que mais amamos – de todas as dificuldades e toda forma de dor?

A Palavra de Deus nos ensina em diversas passagens que ele nos ama e deseja o melhor para nós. Além disso, a Bíblia também ensina que Deus sempre está presente e atento. Portanto, se Deus está tão preocupado mesmo com cada detalhe da nossa vida, por qual razão ele nos permite enfrentar luto, tristeza, vergonha ou medo? São as perguntas que nos fazemos. E por qual razão ele permite que circunstâncias tão trágicas invadam a vida de pessoas tão boas? Tais questionamentos nos deixam perplexos, especialmente quando os dias são difíceis.

Vez ou outra, todos nós enfrentamos adversidades, e ao longo da vida teremos que lidar com mudanças que envolvem perdas – muitas delas parecem roubar nosso ar. Quando atravessamos os vales sombrios da vida geralmente perguntamos "Por que comigo?" Em algumas circunstâncias, é verdade, a resposta é bem óbvia. Cometemos erros e temos que lidar com as consequências deles. Em outros casos, no entanto, quando não fizemos nada de errado, nos perguntamos a razão de Deus permitir nosso sofrimento.

O PLANO DE DEUS E OS DIAS DIFÍCEIS

Mesmo quando não conseguimos entender os planos de Deus, precisamos confiar neles. E quando estamos impacientes em esperar que nossa situação melhore, precisamos confiar no tempo de Deus. Se desejamos viver de acordo com seus planos para nós, então precisamos continuar a estudar sua Palavra (nos bons e nos maus momentos) e também estar atentos aos seus sinais, sabendo que em todos os momentos ele nos guiará através dos vales, até que nos leve ao topo da montanha.

Por isso, se você está atravessando tempos difíceis, não desista nem ceda. Deus ainda tem planos gloriosos para você. Mantenha seus olhos e ouvidos abertos... sem esquecer de deixar também o seu coração aberto ao que Deus deseja fazer.

> Pois é Deus quem efetua em vocês tanto o querer quanto o realizar, de acordo com a boa vontade dele.
>
> —
>
> *Filipenses 2.13*

"Porque sou eu que conheço os planos que tenho para vocês", diz o SENHOR, "planos de fazê-los prosperar e não de causar dano, planos de dar a vocês esperança e um futuro. Então vocês clamarão a mim, virão orar a mim, e eu os ouvirei."

Jeremias 29.11-12

"Sabemos que Deus age em todas as coisas para o bem daqueles que o amam, dos que foram chamados de acordo com o seu propósito."

Romanos 8.28

"Ele respondeu: 'Toda planta que meu Pai celestial não plantou será arrancada pelas raízes.'"

Mateus 15.13

"O SENHOR firma os passos de um homem, quando a conduta deste o agrada; ainda que tropece, não cairá, pois o SENHOR o toma pela mão."

Salmo 37.23-24

ENCONTRANDO UM NOVO SENTIDO

Tempos difíceis talvez tenham virado o seu mundo de cabeça para baixo. Ou você tenha a sensação de que tudo na sua vida mudou de lugar. Talvez os seus relacionamentos e responsabilidades tenham mudado drástica e permanentemente. Se essas possibilidades são verdadeiras, é possível que você tenha que lidar com a desafiadora tarefa de encontrar novo propósito para a sua vida. Saiba que Deus está disposto a ajudá-lo.

Deus tem um plano importante para a sua vida, e parte desse plano tem a ver com o tempo difícil que você está enfrentando. Afinal, você aprendeu lições importantes, ainda que a um custo alto. E certamente hoje você é mais sábio do que era ontem. Portanto, o seu sofrimento carrega um grande potencial: o potencial de fazê-lo crescer pessoalmente e de ajudar ao próximo.

Enquanto começa a reorganizar sua vida, procure encontrar formas de usar sua experiência para beneficiar outras pessoas. Quando fizer isso, você pode ter certeza de que o curso de sua recuperação vai depender de quão rapidamente você descobrir novas pessoas para ajudar e novas razões para viver. Também, ao atravessar seus tempos difíceis, esteja certo disso: como um sobrevivente, você terá incontáveis oportunidades de ajudar outras pessoas. Servindo outras pessoas, consequentemente, você dará glórias a Deus e sentido para as dificuldades que enfrentou.

Nosso amoroso Deus usa as dificuldades em nossa vida para queimar o pecado do egoísmo, fortalecer a fé e nos dar poder espiritual.

Bill Bright

Não deixe que as circunstâncias o aflijam. Em vez disso, busque que a vontade de Deus em sua vida seja revelada nas circunstâncias e por meio delas.

Billy Graham

UM CONSELHO PARA ABRAÇAR AS MUDANÇAS

Às vezes, esperar com fé pela revelação do plano de Deus é mais importante do que compreender o plano de Deus. Ruth Bell Graham certa vez disse: "Quando estou lidando com um Deus que é Todo-poderoso e onisciente, eu, mera mortal, devo oferecer minhas orações de petição não apenas com persistência, mas também com paciência. Algum dia eu saberei o porquê." Portanto, mesmo quando você não conseguir entender o plano de Deus, confie nele e nunca perca a fé!

UM MOMENTO PARA REFLETIR

Meus pensamentos sobre a importância de cultivar uma autoimagem positiva.

> Nos dias difíceis em sua vida, Deus ainda estará no controle. Conforte-se nesta verdade.
>
> —
>
> *Marie T. Freeman*

Capítulo 5

ADMINISTRANDO O ESTRESSE

"*E a paz de Deus, que excede todo o entendimento, guardará o coração e a mente de vocês em Cristo Jesus.*"

—

Filipenses 4.7

Dias estressantes são inevitáveis na vida moderna. Qual é a melhor forma de lidar com os desafios de um mundo tão demandante como é o século 21? Não há maneira melhor do que consagrando nossos dias e nossa vida a Deus. Elisabeth Elliot escreve: "Se minha vida está rendida a Deus, então tudo está bem. Que eu não a tome de volta, como se ela estivesse em perigo nas mãos dele, e segura nas minhas." Ainda que até o mais dedicado cristão possa, às vezes, buscar controlar as rédeas de sua vida e dizer "Eu estou no comando", fazer isso sempre é uma tolice, um orgulho e muito estressante.

Quando buscamos impor nossa própria vontade sobre o mundo – ou sobre outras pessoas –, abrimos espaço para que a nossa vida seja invadida pelo estresse... desnecessariamente. Entretanto, quando rendemos nossa vida e nosso coração a Deus – quando aceitamos a sua vontade em vez de impor, em vão, a nossa –, descobrimos que existe uma paz interior que podemos desfrutar por meio dele.

Você se sente pressionado pelo estresse do dia a dia? Deposite suas preocupações e orações diante de Deus. Confie no Senhor. Confie nele completamente. Confie nele hoje. Confie nele sempre. Quando estiver diante dos desafios inevitáveis do dia a dia, apresente-os a Deus completamente e sem reservas. Ele conhece as suas necessidades e as atenderá a seu modo e em seu próprio tempo.

"Na sua aflição, clamaram ao SENHOR, e ele os salvou da tribulação em que se encontravam."
Salmo 107.13

"Tu, que me fizeste passar muitas e duras tribulações, restaurarás a minha vida, e das profundezas da terra de novo me farás subir. Tu me farás mais honrado e mais uma vez me consolarás."
Salmo 71.20-21

"Desde os confins da terra eu clamo a ti, com o coração abatido; põe-me a salvo na rocha mais alta do que eu."
Salmo 61.2

"Deus, porém, que consola os abatidos, consolou-nos."
2Coríntios 7.6

DESACELERANDO O CARROSSEL

Cada grande mudança, boa ou ruim, coloca estresse sobre você e sobre sua família. Por esta razão, é sensato planejar as coisas de forma que não haja espaço para tantas surpresas ou mudanças de uma só vez em sua vida. É evidente que você será tentado a não fazer isso. Uma vez que comece no novo emprego, você será tentado a comprar a nova casa e o novo carro. Ou então, se tiver acabado de se casar, você será tentado a comprar tudo à vista – enquanto a fatura do cartão de crédito só aumenta. Não faça isso!

Quando se trata de grandes mudanças ou grandes compras, aja de forma mais desacelerada. De outro modo, você se sentirá desconfortável sentado em um carrossel que foi muito mais fácil de começar do que será de terminar.

> Não desanime.
> Um dia e uma oração de cada vez.
> —
> *Stormie Omartian*

Quanto mais intimidade você tiver com Deus, menos tensões você sentirá e mais paz você desfrutará.
Charles Allen

Quando as frustrações se transformam em problemas que o estressam, a melhor forma de lidar com eles é parar, respirar fundo e fazer algo para você – não de forma egoísta, mas de maneira sábia.
Barbara Johnson

Satanás realiza alguns dos seus piores ataques em cristãos exaustos, quando os nervos já estão à flor da pele e a mente se encontra desorientada.
Vance Havner

UM CONSELHO PARA ABRAÇAR AS MUDANÇAS

Se você está passando por muito estresse, deveria assegurar-se de que não negligenciará sua vida de oração. Oração é uma ferramenta poderosa para administrar o estresse; portanto, ore com frequência e com intensidade.

UM MOMENTO PARA REFLETIR

Meus pensamentos sobre formas comuns por meio das quais eu posso administrar o estresse.

_____

_____

_____

_____

_____

_____

_____

_____

_____

_____

_____

_____

Capítulo 6

AUTOESTIMA DE ACORDO COM DEUS

*"Tu o fizeste um pouco menor
do que os seres celestiais e o coroaste
de glória e de honra."*

—

Salmo 8.5

O PLANO DE DEUS PARA MUDAR SUA VIDA

Quando sua vida passa por transformações, é possível que você perca um pouco de sua autoconfiança. Talvez você esteja tão focado no que as outras pessoas estão pensando – ou dizendo –, que você falha, deixando de focar em Deus. Agir assim é como cometer um erro de grandes proporções. Não faça isso. Em vez disso, busque a orientação de Deus enquanto canaliza sua energia em ser o melhor que puder. Quando sua autoestima e autoimagem estiverem em jogo, busque aprovação de Deus, e não dos outros.

Muito tem se falado sobre as diversas maneiras pelas quais podemos aumentar nossa autoestima e valorizar nossa imagem. No entanto, cultivar uma boa autoestima é, de forma geral, resultado de três coisas: 1. Obediência a Deus; 2. Ter pensamentos saudáveis; 3. Encontrar um propósito para sua vida que agrade tanto a você quanto ao seu Criador.

Os conselhos abaixo, todos extraídos da Bíblia, podem ajudá-lo a construir o tipo de autoimagem – e o tipo de vida – que agradará tanto a você quanto a Deus.

1. Faça o que é certo: Se você falhar em seu comportamento, como se sentirá esperançoso acerca de si mesmo? (Romanos 14.12)

2. Cuide do que você pensa: Se a sua voz interior é, na verdade, a sua crítica interior, você precisa diminuir o tom de crítica agora mesmo. Enquanto se perceber nesse estágio de crítica, comece a treinar para que seus pensamentos sejam mais racionais e menos carregados de juízo. (Filipenses 4.8)

3. Gaste tempo com entusiastas, e não com críticos: Seus amigos estão sempre colocando você para baixo? Se estiverem, mude de amigos. (Hebreus 3.13)

4. Não seja perfeccionista: Busque a excelência, mas nunca a confunda com perfeição. (Eclesiastes 11.4-6)

5. Se você está viciado em algo que não é saudável, pare; se não consegue parar, peça ajuda. Vícios, de quaisquer tipos, provocam destruição em sua vida. E confusão. E sofrimento. E baixa autoestima. (Êxodo 20.3)

6. Encontre um propósito para a sua vida que seja maior do que você: Quando nos dedicamos a algo ou a alguém além de nós mesmos, florescemos. (Efésios 6.7)

7. Não se preocupe tanto com sua autoestima: Em vez disso, preocupe-se mais com viver uma vida agradável a Deus. Aprenda a pensar de forma otimista. Encontre um propósito pelo qual valha a pena viver. Encontre pessoas que possa amar e às quais possa servir. Quando fizer isso, sua autoestima vai, na maior parte do tempo, cuidar de si mesma.

"Bem-aventurados os humildes, pois eles receberão a terra por herança."

Mateus 5.5

"De fato, a piedade com contentamento é grande fonte de lucro."

1 Timóteo 6.6

"Quem obtém sabedoria ama-se a si mesmo; quem acalenta o entendimento prospera."

Provérbios 19.8

CONFIE EM DEUS E COMECE A CONSERTAR O QUE ESTÁ QUEBRADO

Quando a vida se desenrola conforme desejamos, ou quando experimentamos momentos agradáveis, temos grande facilidade de louvar a Deus por seus planos. Nessas horas, celebramos as mudanças com braços abertos. Contudo, algumas vezes, as transformações que temos de encarar são dolorosas.

Quando sofremos por causa dos dias difíceis – o que acontece de tempos em tempos –, nos perguntamos: Por que comigo? A resposta, é claro, sabemos que está em Deus, embora pareça que ele tenha resolvido não nos dizer... ainda.

> A comparação é a raiz de todos os sentimentos de inferioridade.
>
> —
>
> *James Dobson*

Você já enfrentou alguma dificuldade que o deixou com a cabeça girando e com o coração partido? Se afirmativo, você sabe que tem uma escolha a fazer: chorar e reclamar ou confiar em Deus e se ocupar em consertar o que está quebrado. A primeira opção é a fórmula para o desastre. A segunda é a fórmula para uma vida bem vivida.

Enquanto nos preparamos para a vida, acumulando tesouros no céu, chegamos à incrível conclusão de que nós somos seus tesouros!

Anne Graham Lotz

O Criador nos fez únicos. Não existe absolutamente ninguém como você e nem jamais haverá. Cada um de nós é criação especial de Deus e está vivo para cumprir um propósito distinto.

Luci Swindoll

Pela graça de Deus você é o que é; celebre o fato de você ser único, aceite a si mesmo e siga em frente.

Wilferd Peterson

UM CONSELHO PARA ABRAÇAR AS MUDANÇAS

Não cometa o erro de vender-se por qualquer coisa. Não importa o tamanho dos seus desafios, tenha certeza de que você e Deus, trabalhando juntos, podem dar conta deles.

UM MOMENTO PARA REFLETIR

Meus pensamentos sobre coisas construtivas que eu posso fazer para administrar o estresse.

_____

_____

_____

_____

_____

_____

_____

_____

_____

_____

_____

Capítulo 7

UM RENOVADO SENSO DE PROPÓSITO

"Tu me farás conhecer a vereda da vida, a alegria plena da tua presença, eterno prazer à tua direita."

—

Salmo 16.11

O PLANO DE DEUS PARA MUDAR SUA VIDA

Se você está passando por mudanças inesperadas, deve estar se fazendo a seguinte pergunta: O que Deus espera que eu faça em seguida? Talvez esteja questionando seu futuro, pensando na incerteza de seus planos e esteja inseguro sobre os próximos passos. Mesmo que não tenha um plano claro para o próximo passo da jornada de sua vida, você precisa descansar confiando no fato de que Deus tem.

Deus tem um plano para o universo, e ele tem um plano para você. Ele conhece esse plano de forma tão perfeita quanto conhece a você. Se você buscar a vontade de Deus, orando com intensidade e fervor, ele fará com que esse plano lhe seja revelado no tempo de Deus e de acordo com a vontade dele.

Você deseja sinceramente descobrir o propósito de Deus para a sua vida? Para isso, primeiro é necessário estar disposto a viver de acordo com os seus mandamentos. Você precisa também estudar a Palavra de Deus e estar atento aos seus sinais. Finalmente, precisa se abrir para o Criador diariamente – a começar por hoje – e ter fé que ele revelará o plano dele a você.

Talvez sua visão com relação ao plano de Deus para a sua vida esteja embaçada por causa de alguma lista de desejos que você gostaria que Deus respondesse. É possível também que você esteja esperando fervorosamente que Deus crie um

UM RENOVADO SENSO DE PROPÓSITO

mundo novo que se revele de acordo com a vontade do seu coração, e não com a vontade dele. Se espera por isso, você provavelmente tem experimentado mais desapontamento do que satisfação e mais frustração do que paz. Uma estratégia muito melhor é se conformar à vontade de Deus (e não lutar em vão para conformar o Senhor aos seus planos).

> Algumas virtudes não podem ser produzidas em nós sem aflição.
> —
> C. H. *Spurgeon*

Os planos e os propósitos de Deus podem, algumas vezes, parecer muito claros para você. Se este é o caso, siga adiante. No entanto, em alguns momentos, Deus pode conduzi-lo pelos caminhos do deserto, até que o leve à Terra Prometida. Portanto, seja paciente e continue a buscar o Senhor e a vontade dele para a sua vida. Quando fizer assim, você ficará maravilhado com as coisas incríveis que um Deus Todo-poderoso e onisciente pode fazer.

"Assim, quer vocês comam, bebam ou façam qualquer outra coisa, façam tudo para a glória de Deus."
1Coríntios 10.31

"Vocês todos são filhos da luz, filhos do dia. Não somos da noite nem das trevas. Portanto, não durmamos como os demais, mas estejamos atentos e sejamos sóbrios."
1Tessalonicenses 5.5-6

"Ele é a imagem do Deus invisível, o primogênito sobre toda a criação."
Colossenses 1.15

"Para tudo há uma ocasião certa, há um tempo para cada propósito debaixo do céu."
Eclesiastes 3.1

"Irmãos, não penso que eu mesmo já o tenha alcançado, mas uma coisa faço: esquecendo-me das coisas que ficaram para trás e avançando para as que estão adiante, prossigo para o alvo, a fim de ganhar o prêmio do chamado celestial de Deus em Cristo Jesus."
Filipenses 3.13-14

UM RENOVADO SENSO DE PROPÓSITO

Deus fará com que os obstáculos sirvam os propósitos dele.

Mrs. Charles E. Cowman

Quando nos dermos conta da vontade de Deus para nós e a abraçarmos, veremos como isso é prazeroso. Não desejaremos fazer outra coisa. É uma paixão.

Franklin Graham

Sejam quais forem as nuvens que você atravessa hoje, peça a Jesus, a luz do mundo, que o ajude a olhar para além delas e ver a glória de Deus, bem como os planos dele para sua vida.

Billy Graham

UM CONSELHO PARA ABRAÇAR AS MUDANÇAS

Talvez você esteja ansioso para entender o propósito de Deus a ser revelado em sua vida. Se estiver, lembre-se de que o Senhor opera a partir de um cronograma perfeito. Este cronograma é dele, e não seu. Por isso, seja paciente. Deus pode ter algumas lições para ensinar-lhe antes que você esteja plenamente preparado para fazer a vontade do Senhor e cumprir o propósito dele.

UM MOMENTO PARA REFLETIR

Meus pensamentos sobre a importância de descobrir (ou redescobrir, se necessário) o propósito de Deus a ser revelado a mim.

_____

_____

_____

_____

_____

_____

_____

_____

_____

_____

_____

_____

Capítulo 8

MESMO QUANDO MUDAR É DIFÍCIL, NÃO HÁ PROBLEMA GRANDE DEMAIS PARA DEUS

"Existe alguma coisa impossível para o SENHOR?"

—

Gênesis 18.14

O PLANO DE DEUS PARA MUDAR SUA VIDA

Aqui vai um enigma: O que pode ser tão sem importância a ponto de você não precisar orar, e mesmo assim ser grande demais para que Deus possa resolver? A resposta é óbvia: Absolutamente nada. Mesmo assim, às vezes, quando os desafios do dia parecem nos pressionar demais, passamos mais tempo nos preocupando com eles do que orando a respeito deles. Sem perceber, gastamos mais energia reclamando dos problemas do que resolvendo-os. Uma estratégia infinitamente melhor, evidentemente, é orar como se tudo dependesse única e exclusivamente de Deus, e trabalhar como se tudo dependesse única e exclusivamente de nós.

A vida é um grande exercício de resolução de problemas. A pergunta não é se encontraremos problemas na vida; a verdadeira pergunta é sobre a forma que escolheremos para lidar com os problemas. Quando o assunto em questão é a solução dos problemas cotidianos, geralmente sabemos o que precisa ser feito. Ainda assim, muitas vezes somos lentos ao agirmos na direção da solução – principalmente se o que precisa ser feito é difícil ou desconfortável para nós. Assim, postergamos para o amanhã aquilo que deveria ter sido feito hoje.

A Palavra de Deus, no Salmo 34, nos lembra que o Senhor resolve o problema daqueles que fazem o que é certo. Vale lembrar que, geralmente, fazer o que é certo significa ter a árdua tarefa de confrontar os nossos problemas o mais cedo possível. Por isso, sem mais delongas, comece a resolver os problemas... agora!

"O justo passa por muitas adversidades, mas o SENHOR o livra de todas."

Salmo 34.19

"Pois vocês sabem que a prova da sua fé produz perseverança. E a perseverança deve ter ação completa, a fim de que vocês sejam maduros e íntegros, sem que falte a vocês coisa alguma."

Tiago 1.3-4

"Quando você atravessar as águas, eu estarei com você; e, quando você atravessar os rios, eles não o encobrirão. Quando você andar através do fogo, você não se queimará; as chamas não o deixarão em brasas. Pois eu sou o SENHOR, o seu Deus, o Santo de Israel, o seu Salvador; dou o Egito como resgate por você, a Etiópia e Sebá em troca de você."

Isaías 43.2-3

FAÇA ALGO HOJE

Talvez os seus problemas sejam simplesmente grandes demais para que você os resolva de uma só vez. Contudo, o fato de não conseguir resolvê-los de uma vez não significa que você não deve fazer nada. Portanto, como um favor a você mesmo e como uma forma de interromper a procrastinação, faça hoje mesmo algo para tornar a sua situação melhor. Mesmo um passo pequeno na direção certa é um passo na direção certa. Dar um passo pequeno é muito, muito melhor do que não dar nenhum passo.

...NÃO HÁ PROBLEMA GRANDE DEMAIS PARA DEUS

> Compare o tamanho dos obstáculos com o tamanho de Deus.
>
> *Beth Moore*

A graça de Deus é suficiente para todas as nossas necessidades, para todos os nossos problemas e para todas as dificuldades; para cada coração ferido e para cada sofrimento humano.

Peter Marshall

Nós precisamos encarar o hoje como aquilo que gerará o amanhã. Precisamos fazer com que as incertezas do tempo presente encontrem as certezas do porvir. Ao que é puro de coração, nada de tão ruim pode acontecer... nem na morte, mas apenas no pecado, deve estar o nosso grande temor.

A. W. Tozer

Os problemas que enfrentamos com confiança podem nos ajudar a ter uma visão mais clara de Deus e da vida; uma visão cheia de paz e esperança.

Billy Graham

UM CONSELHO PARA ABRAÇAR AS MUDANÇAS

Quando o assunto em questão é a resolução de problemas, lembre-se de que o trabalho deve superar a preocupação. Não se esqueça: é melhor consertar do que murmurar.

UM MOMENTO PARA REFLETIR

Meus pensamentos sobre um desafio importante que preciso resolver hoje.

Capítulo 9

SUPORTANDO O DESEMPREGO

*"Pois tu és a minha esperança,
ó soberano SENHOR,
em ti está a minha confiança
desde a juventude."*

—

Salmo 71.5

O PLANO DE DEUS PARA MUDAR SUA VIDA

Nós vivemos em um mundo de economia global altamente competitiva. Quer você goste ou não, nossos trabalhos, como tudo neste mundo de grandes mudanças, estão em constante fluxo.

Perder um emprego pode ser uma experiência bastante traumática. A perda de um emprego geralmente é um problema de primeira grandeza. Um problema que resulta em estresse financeiro e emocional. De uma coisa, no entanto, nós podemos ter certeza: escondida atrás de cada problema está uma solução – a solução de Deus. Nosso desafio, como crentes fiéis, é o de confiarmos em Deus e sua providência para nos mostrar a solução. Quando fazemos isso, acabamos por descobrir que Deus não faz absolutamente nada sem que haja um propósito: o propósito dele.

Se você experimentou uma perda recentemente, aqui seguem algumas coisas que vale a pena considerar e outras que vale a pena fazer:

> Darei a vocês um coração novo
> e porei um espírito novo em vocês...
>
> —
>
> *Ezequiel 36.26*

1. Lembre-se de que Deus ainda está aqui: ele governa sobre os momentos de altos e baixos da vida. Portanto, não perca a esperança. (Lamentações 3.25-26)

SUPORTANDO O DESEMPREGO

2. Se você está sentindo pena de si mesmo, pare com isso imediatamente: este sentimento não o ajudará a encontrar um trabalho melhor ou a viver uma vida melhor. (2Timóteo 1.7)

3. Se está sem emprego, lembre-se de que você tem um trabalho muito importante a fazer: encontrar um novo. Não deixe para depois, não tire férias muito longas, não tente aproveitar o tempo para aperfeiçoar suas habilidades esportivas, não assista à TV o dia todo. Se precisa de um novo emprego, você deve passar pelo menos quarenta horas semanais buscando-o. E você deve continuar fazendo isso até que encontre o trabalho que precisa. (1Crônicas 28.20)

4. Use todas as ferramentas disponíveis. Essas ferramentas incluem seus amigos, família, membros da igreja, associações de negócio, listas de classificados, agências de emprego, internet e a sola do seu sapato. (2Pedro 1.5-6)

5. Pense positivamente. Pense positivamente sobre si mesmo, sobre as suas habilidades e sobre o seu futuro. Afinal, se você não acreditar nessas coisas, como pode esperar que o seu futuro empregador acredite? (Filipenses 4.8)

"Aquele que estava assentado no trono disse: 'Estou fazendo novas todas as coisas!' E acrescentou: 'Escreva isto, pois estas palavras são verdadeiras e dignas de confiança.'"

Apocalipse 21.5

"Mas aqueles que esperam no SENHOR renovam as suas forças. Voam bem alto como águias; correm e não ficam exaustos, andam e não se cansam."

Isaías 40.31

"Portanto, se alguém está em Cristo, é nova criação. As coisas antigas já passaram; eis que surgiram coisas novas!"

2Coríntios 5.17

"A serem renovados no modo de pensar e a revestir-se do novo homem, criado para ser semelhante a Deus em justiça e em santidade provenientes da verdade."

Efésios 4.23-24

Se nós nos satisfazemos em qualquer confiança que não esteja naquele que é a Rocha Eterna, então nossa confiança é pior do que um sonho; ela desmoronará em nós e nos cobrirá com suas ruínas, provocando sofrimento e confusão.

C. H. Spurgeon

A onisciência de Deus pode criar em você uma confiança sobrenatural que transformará a sua vida.

Bill Hybels

"Estou convencido de que não existe nada que possa me acontecer nesta vida que não tenha sido planejado por um Deus soberano que me deu a oportunidade de conhecê-lo."

Elisabeth Elliot

UM CONSELHO PARA ABRAÇAR AS MUDANÇAS

Continue procurando até que você encontre o emprego que seja bom e esteja de acordo com suas habilidades e aptidões. Esse emprego está aí... cabe a você encontrá-lo.

UM MOMENTO PARA REFLETIR

Meus pensamentos sobre a carreira que parece ser a melhor para mim.

_____

_____

_____

_____

_____

_____

_____

_____

_____

_____

_____

_____

Capítulo 10

RENOVADO A CADA DIA

"Ele me acorda manhã após manhã, desperta meu ouvido para escutar como alguém que é ensinado. O Soberano SENHOR abriu os meus ouvidos, e eu não tenho sido rebelde; eu não me afastei."
—
Isaías 50.4-5

Cada novo dia é um presente de Deus, e se você for sábio, dedicará um tempo todas as manhãs agradecendo a ele por isso. Quando faz isso, você descobre que o tempo gasto com Deus eleva o seu espírito e alivia o seu estresse.

Warren W. Wiersbe escreveu: "Renda a sua mente ao Senhor no começo de cada novo dia." Que grande conselho! Quando começa o dia com a cabeça prostrada e o coração aberto, você é lembrado do amor de Deus, de sua proteção e de seus mandamentos. Então é possível alinhar suas prioridades para o novo dia com os ensinos e mandamentos que Deus colocou em seu coração.

Caso você esteja cedendo ao terrível hábito de colocar Deus espremido nos cantos de sua vida, é hora de reorganizar sua lista de afazeres e colocar Deus em primeiro lugar. Caso não tenha feito isso ainda, crie o hábito de gastar tempo de qualidade com o seu Pai Celestial. Ele merece isso... e você também.

RENOVADO A CADA DIA

"Ensina-me o teu caminho, SENHOR, para que eu ande na tua verdade; dá-me um coração inteiramente fiel, para que eu tema o teu nome."

Salmo 86.11

"Eu o instruirei e o ensinarei no caminho que você deve seguir; eu o aconselharei e cuidarei de você."

Salmo 32.8

"Como é feliz o homem que acha a sabedoria, o homem que obtém entendimento."

Provérbio 3.13

"Cresçam, porém, na graça e no conhecimento de nosso Senhor e Salvador Jesus Cristo. A ele seja a glória, agora e para sempre! Amém."

2Pedro 3.18

"Reconheça o SENHOR em todos os seus caminhos, e ele endireitará as suas veredas."

Provérbios 3.6

ORE SOBRE ISSO

Andrew Murray disse certa vez: "Algumas pessoas oram por orar, enquanto outras oram para conhecer a Deus." Sua tarefa, como um cristão maduro, é a de orar não como um hábito obrigatório, mas como uma expressão do desejo sincero de conhecer o seu Pai que está nos céus. Por meio de uma vida constante de oração, você deve buscar a Deus com petições, com louvor e sempre buscando conhecer o plano que ele tem para a sua vida.

> Uma pessoa sem vida devocional geralmente encontra dificuldades com sua fé e obediência a Deus.
>
> —
>
> *Charles Stanley*

Procure hoje mesmo por Aquele de quem vêm todas as bênçãos. Volte-se para ele em busca de força e direção. Convide o Senhor para cada área da sua vida. Peça a ele que o ensine e o guie. E não se esqueça de que, independente das circunstâncias, Deus nunca está distante. Ele está aqui... sempre aqui. Então, ore.

RENOVADO A CADA DIA

Todas as manhãs, Deus nos dá a graça de compreendermos de forma nova sua fidelidade sempre presente; é como se, em nossa vida com Deus, tivéssemos a possibilidade de experimentar todos os dias uma nova história com ele.

Dietrich Bonhoeffer

Pense nisso – nós podemos viver com ele aqui e agora, uma caminhada diária com o Deus que nos ama e que se deu por nós.

Elisabeth Elliot

Jesus desafia a você e a mim a mantermos nosso foco diário na cruz da sua vontade, caso o desejo do nosso coração seja o de sermos seus discípulos.

Anne Graham Lotz

UM CONSELHO PARA ABRAÇAR AS MUDANÇAS

Prometa a si mesmo que começará todos os dias com um tempo devocional. Um momento regular de reflexão e oração o ajudará a louvar o Criador e a manter os pensamentos em foco. Um tempo devocional diário é especialmente importante durante os momentos em que você se sente sem coragem, com medo e estressado.

UM MOMENTO PARA REFLETIR

Meus pensamentos sobre a importância de ter tempo com Deus todas as manhãs.

_____

_____

_____

_____

_____

_____

_____

_____

_____

_____

_____

_____

Capítulo 11

A ATITUDE CERTA

"Pois Deus não nos deu o espírito de covardia, mas de poder, de amor e de equilíbrio."

—

2Timóteo 1.7

Se o seu desejo é construir um futuro melhor para você e para a sua família, é necessário ter o tipo certo de atitude: o tipo positivo. Então, qual é a sua atitude hoje? Você está cheio de temor, de raiva, entediado ou preocupado? Está pessimista, perplexo, triste e perturbado? Tem andado de um lado para o outro com um olhar carrancudo, tão duro quanto o estado do seu coração? Se afirmativo, Deus deseja ter uma pequena conversa com você.

Deus o criou conforme a sua imagem, e ele deseja que você experimente alegria, contentamento, paz e abundância. Contudo, Deus não o forçará a experimentar estas coisas, elas devem ser pedidas.

Deus lhe deu livre-arbítrio, o que inclui a capacidade de influenciar a direção e o tom dos seus pensamentos. E a forma como Deus deseja que você direcione seus pensamentos é esta:

Finalmente, irmãos, tudo o que for verdadeiro, tudo o que for nobre, tudo o que for correto, tudo o que for puro, tudo o que for amável, tudo o que for de boa fama, se houver algo de excelente ou digno de louvor, pensem nessas coisas.
(Filipenses 4.8)

A qualidade de suas atitudes o ajudará a determinar a qualidade da sua vida. Por isso, cuide dos seus pensamentos. Se fizer com que sua mente

A ATITUDE CERTA

encare a vida de forma saudável, combinando realismo e otimismo, você será recompensado. No entanto, ao se permitir cair na rotina do trágico hábito dos pensamentos negativos, você se deparará com infelicidade, mediocridade e coisas piores.

Portanto, na próxima vez em que se vir absorvido pelos aspectos negativos de sua vida, mude sua atenção para as coisas positivas. Na próxima vez em que você ceder à pressão do pessimismo, pare e mude a direção dos seus pensamentos. No próximo instante em que se sentir tentado a desperdiçar seu precioso tempo fazendo fofoca ou reclamando, resista com todas as suas forças.

E lembre-se: render-se ao lamento nunca levará você ao topo... Não desperdice seu tempo.

Mantenham o pensamento nas coisas do alto, e não nas coisas terrenas.

Colossenses 3.2

Aproximem-se de Deus, e ele se aproximará de vocês! Pecadores, limpem as mãos, e vocês, que têm a mente dividida, purifiquem o coração.

Tiago 4.8

Bem-aventurados os puros de coração, pois verão a Deus.
Mateus 5.8

Deem graças em todas as circunstâncias, pois esta é a vontade de Deus para vocês em Cristo Jesus.

1Tessalonicenses 5.18

Louvem-no todos os seus anjos, louvem-no todos os seus exércitos celestiais. Louvem-no sol e lua, louvem-no todas as estrelas cintilantes.

Salmo 100.2-3

SEGUINDO SEUS PASSOS

Deus garante que tem poder para transformar a sua vida caso você o convide a fazê-lo. Sua decisão, portanto, é simples: querer ou não que o poder transformador do Pai Celestial opere em você e por meio de você.

Deus está junto à porta do seu coração, e o espera; tudo o que é necessário fazer é convidar o Senhor. Quando fizer isso, inevitavelmente você será transformado.

> Sua atitude é mais importante do que sua habilidade.
> —
> Zig Ziglar

Existe algum aspecto da sua vida que você gostaria de mudar – um hábito ruim, uma relação que não está saudável, uma oportunidade perdida? Peça, então, a Deus que guie os seus passos e mude sua atitude. Fale com o Criador especificamente

A ATITUDE CERTA

sobre a pessoa que você é hoje e a que deseja ser amanhã. Quando de maneira sincera e fervorosa seu pedido é apresentado ao Pai que está nos céus, você fica maravilhado com as coisas que ele e você, trabalhando juntos, são capazes de fazer.

A mente é como um relógio em contagem regressiva. Todas as manhãs seus marcadores precisam ser reajustados com pensamentos positivos.

Fulton J. Sheen

A diferença entre ganhar e perder está na forma como escolhemos lidar com o desapontamento.

Barbara Johnson

A escolha é sua: você pode tanto contar as suas bênçãos quanto recontar as suas frustrações.

Jim Gallery

A dor é inevitável, mas a miséria é opcional.

Max Lucado

UM CONSELHO PARA ABRAÇAR AS MUDANÇAS

Uma atitude positiva leva a um resultado positivo; uma atitude negativa leva a qualquer lugar. Se o seu desejo é melhorar a qualidade dos seus pensamentos, peça a Deus que o ajude

UM MOMENTO PARA REFLETIR

Meus pensamentos sobre a importância de manter uma perspectiva positiva a respeito da minha vida e o meu futuro.

_____

_____

_____

_____

_____

_____

_____

_____

_____

_____

_____

_____

Capítulo 12

FAZENDO AS PAZES COM O PASSADO

*"Esqueçam o que se foi;
não vivam no passado. Vejam,
estou fazendo uma coisa nova!
Ela já está surgindo! Vocês não
a reconhecem? Até no deserto
vou abrir um caminho
e riachos no ermo."*

—

Isaías 43.18-19

O teólogo norte-americano Reinhold Niebuhr compôs um verso singelo que ficou conhecido como a oração da serenidade: "Concedei-me, Senhor, a serenidade necessária para aceitar as coisas que não posso modificar. Coragem para modificar aquelas que posso e sabedoria para conhecer a diferença entre elas." As palavras de Niebuhr são mais fáceis de recitar do que de viver. Por quê? Porque a maioria de nós deseja que a vida se desenrole de acordo com os nossos desejos e agendas. Acontece que algumas vezes os planos de Deus são outros.

Algo que se encaixa perfeitamente na categoria "coisas que não podemos modificar" é o passado. Mesmo sabendo que o passado é inalterável, muitos de nós continuam a investir energia se preocupando com a injustiça de ontem (quando deveríamos, na verdade, estar focados nas oportunidades de hoje e nas promessas de amanhã). A autora Hannah Whitall Smith observou: "Como a nossa vida seria diferente se pudéssemos atravessar os dias com asas de rendição e esperança!" Estas palavras me lembram que mesmo quando não somos capazes de entender

> As páginas do seu passado não podem ser reescritas, mas as páginas do seu futuro estão em branco.
>
> —
>
> *Zig Ziglar*

o passado, nós podemos confiar em Deus e aceitar a sua vontade.

Por isso, se você teve que lidar com um passado difícil, aceite-o e aprenda com ele, mas não passe muito do precioso tempo presente absorvido nas memórias de algo que não consegue mudar. Em vez disso, confie nos planos de Deus e olhe para o futuro. Afinal de contas, o futuro é onde está tudo aquilo que vai acontecer em sua vida daqui para frente.

Aprendi a adaptar-me a toda e qualquer circunstância.

—

Filipenses 4.11

O PLANO DE DEUS PARA MUDAR SUA VIDA

"Livrem-se de toda amargura, indignação e ira, gritaria e calúnia, bem como de toda maldade. Sejam bondosos e compassivos uns para com os outros, perdoando-se mutuamente, assim como Deus perdoou vocês em Cristo."

Efésios 4.31-32

"Aceitaremos o bem dado por Deus, e não o mal?"

Jó 2.10

"Irmãos, não penso que eu mesmo já o tenha alcançado, mas uma coisa faço: esquecendo-me das coisas que ficaram para trás e avançando para as que estão adiante, prossigo para o alvo, a fim de ganhar o prêmio do chamado celestial de Deus em Cristo Jesus."

Filipenses 3.13-14

"Pois se perdoarem as ofensas uns dos outros, o Pai celestial também perdoará vocês. Mas se não perdoarem uns aos outros, o Pai celestial não perdoará as ofensas de vocês."

Mateus 6.14-15

ACEITANDO O PASSADO, VIVENDO O PRESENTE

Nossos planos podem falhar, os planos de Deus não. Mesmo assim, quando a vida dá uma de suas inesperadas voltas, somos tentados a cair nas armadilhas espirituais da preocupação, da autocomiseração e da amargura. Deus deseja que a nossa atitude seja diferente.

O velho ditado nos aconselha: "Perdoar e esquecer." Porém, quando somos profundamente feridos, perdoar é algo difícil, e esquecer é praticamente impossível. Já que não conseguimos esquecer os problemas de ontem, vamos aprender com eles. O passado tem muito a nos ensinar sobre o futuro. Precisamos aprender com o passado, contudo, jamais viver no passado. Deus deu a cada um de nós um dia glorioso: hoje. E cabe a nós usar este dia como bons mordomos, não como amargurados contadores de histórias.

Se você está, portanto, tentando esquecer o passado, não perca o seu tempo. Em vez disso, tente fazer diferente: aprenda a aceitar o passado e viver o presente. Então, poderá concentrar seus pensamentos e suas energias não mais nas lutas de ontem, mas nas grandes oportunidades que Deus está colocando diante de você hoje.

Precisamos estar em paz com o nosso passado, contentes com o nosso presente e convictos sobre o nosso futuro, sabendo que tudo está nas mãos de Deus.

Joyce Meyer

Deixe o passado quebrado e irreversível nas mãos de Deus, movendo-se para viver um futuro invencível com o Senhor.

Oswald Chambers

Não é o poder da lembrança mas, ao contrário, o poder do perdão, uma condição necessária para a nossa existência.

St. Basil

UM CONSELHO PARA ABRAÇAR AS MUDANÇAS

O passado ficou para trás. Logo, não invista todas as suas energias nele. Se você está focado no passado, mude o foco. Se está vivendo no passado, olhe para frente.

UM MOMENTO PARA REFLETIR

Meus pensamentos sobre as recompensas de se focar no presente, e não no passado.

Capítulo 13

NÃO DESISTA!

*"Pois ainda que o justo caia sete vezes,
tornará a erguer-se, mas os ímpios
são arrastados pela calamidade."*

—

Provérbios 24.16

O antigo ditado é tão verdadeiro hoje quanto era quando foi dito pela primeira vez: "A vida é uma maratona, e não uma prova de cem metros rasos." É por isso que viajantes sábios (como você) escolhem um companheiro de viagem que não se cansa nem vacila. Esse companheiro, é claro, é o nosso Pai Celestial.

Da próxima vez que vir sua coragem ser provada por alguma mudança inesperada, lembre-se de que Deus está tão próximo de você quanto o ar que você respira. Não esqueça também que ele oferece conforto e segurança aos seus filhos. Ele é o seu refúgio e a sua força, ele é o seu protetor e o seu libertador. Clame por ele na hora da adversidade e seja confortado. Não importa o desafio, Deus pode ajudá-lo a perseverar. E é exatamente isso que ele fará se você pedir ajuda.

Talvez você esteja apressado, desejando que Deus o ajude a resolver os seus desafios. Ou então esteja ansioso para receber as recompensas que acredita merecer. Pode ser que esteja agitado enquanto aguarda ansiosamente o agir de Deus. Se este é o seu caso, aprenda a esperar: Deus trabalha no seu próprio tempo, não no nosso. Em algumas ocasiões, Deus responderá às suas orações com o silêncio. Quando ele fizer assim, persevere pacientemente. Em tempos de dificuldade, permaneça firme e confie na misericordiosa bondade do seu Pai Celestial. Seja qual for o seu problema, ele pode lidar com ele. Sua tarefa é continuar perseverando até que ele aja.

"E não nos cansemos de fazer o bem, pois no tempo próprio colheremos, se não desanimarmos."

Gálatas 6.9

"Vocês precisam perseverar, de modo que, quando tiverem feito a vontade de Deus, recebam o que ele prometeu."

Hebreus 10.36

"Mas graças a Deus, que nos dá a vitória por meio de nosso Senhor Jesus Cristo. Portanto, meus amados irmãos, mantenham-se firmes, e que nada os abale. Sejam sempre dedicados à obra do Senhor, pois vocês sabem que, no Senhor, o trabalho de vocês não será inútil."

1Coríntios 15.57-58

O PLANO DE DEUS PARA A SUA VIDA

Em um mundo repleto de barricadas e pedras de tropeço, precisamos de coragem, força e perseverança. Como um exemplo de perfeita perseverança, não precisamos olhar para nenhum outro lugar que não a pessoa de nosso Senhor e Salvador Jesus Cristo.

O PLANO DE DEUS PARA MUDAR SUA VIDA

Jesus terminou a obra que começou. Apesar da tortura à qual foi submetido, apesar da vergonha da cruz, ele permaneceu firme em sua fidelidade a Deus. Nós, da mesma forma, precisamos permanecer fiéis, especialmente durante os tempos difíceis.

Ao navegar pelas mudanças inevitáveis dos tempos modernos, você terá sua dose de desapontamento, desvios, falsos começos e falhas. Quando estiver nesses momentos, não se sinta desencorajado: Deus não terminou a obra que começou a fazer em sua vida.

> Nós não desistimos. Nós olhamos para ele. Confiamos. Cremos. E o nosso otimismo não é em vão. Cristo provou que nossa esperança é verdadeira. Ele mostrou que nunca falha. Isso é o que faz de Deus, Deus.
>
> —
>
> *Max Lucado*

NÃO DESISTA!

O sermão da sua vida nos dias difíceis ministra de forma mais poderosa ao coração das pessoas do que o mais eloquente pregador jamais poderá fazer.
Bill Bright

O fracasso é um dos mais poderosos mestres da vida. Como lidamos com os nossos fracassos determina se iremos simplesmente viver ou se iremos impactar.
Beth Moore

Lembre-se: cada flor teve que lidar com toda a poeira do solo antes de florescer.
Barbara Johnson

UM CONSELHO PARA ABRAÇAR AS MUDANÇAS

Se as coisas não funcionarem bem de primeira, não desista. Se você não continuar tentando, jamais saberá o quão bom pode ser.

UM MOMENTO PARA REFLETIR

Meus pensamentos sobre o poder da perseverança.

_____

_____

_____

_____

_____

_____

_____

_____

_____

_____

_____

_____

Capítulo 14

CONSIDERE AS POSSIBILIDADES

"Pois nada é impossível para Deus."
—
Lucas 1.37

Enquanto você pensa sobre as formas de gerenciar e abraçar as mudanças, não coloque limites em Deus. Ele tem o poder de fazer milagres e maravilhas com você e por meio de você... se você permitir.

Você tem medo de pedir a Deus que faça grandes coisas - ou provoque grandes mudanças? Sua fé está frágil e desgastada? Se estiver, é tempo de abandonar suas dúvidas e resgatar sua confiança nas promessas de Deus.

O Senhor é um Deus de infinitas possibilidades. Algumas vezes, no entanto, por causa da nossa fé e compreensão limitadas, entendemos, erroneamente, que ele não pode nem vai intervir nos afazeres dos homens. Essa é uma ideia completamente equivocada.

A Palavra deixa claro: absolutamente nada é impossível para Deus. E já que a Bíblia quer dizer exatamente o que está escrito nestas palavras, você pode ser confortado na certeza de que o Criador do universo pode operar milagres em sua vida e na vida dos seus amados. Seu desafio, como alguém que crê, é deixar Deus trabalhar enquanto aguarda o milagre chegar.

CONSIDERE AS POSSIBILIDADES

"E não nos cansemos de fazer o bem, pois no tempo próprio colheremos, se não desanimarmos. Portanto, enquanto temos oportunidade, façamos o bem a todos, especialmente aos da família da fé."

Gálatas 6.9-10

"Sejam sábios no procedimento para com os de fora; aproveitem ao máximo todas as oportunidades."

Colossenses 4.5

"Deus é o nosso refúgio e a nossa fortaleza, auxílio sempre presente na adversidade."

Salmo 46.1

"Meus irmãos, considerem motivo de grande alegria o fato de passarem por diversas provações, pois vocês sabem que a prova da sua fé produz perseverança. E a perseverança deve ter ação completa, a fim de que vocês sejam maduros e íntegros, sem lhes faltar coisa alguma."

Tiago 1.2-4

"E não nos cansemos de fazer o bem, pois no tempo próprio colheremos, se não desanimarmos. Portanto, enquanto temos oportunidade, façamos o bem a todos, especialmente aos da família da fé."

Gálatas 6.9-10

OPORTUNIDADES EM TODO LUGAR

Ao olhar para as paisagens da sua vida, você consegue ver oportunidades, possibilidades e bênçãos ou fica focado, ao contrário, no cenário negativo? Você passa mais tempo contando as suas bênçãos ou as suas desgraças? Caso possua o péssimo hábito de permanecer focado nas desgraças e no lado negativo da vida, então sua visão espiritual precisa ser corrigida.

Você pode não se dar conta, mas oportunidades estão surgindo ao seu redor, assim como brilham no céu as estrelas: é tão belo observar, mas não é possível contar, pois são tantas. Acontece que você está tão ocupado com os desafios do dia a dia que nem percebe as oportunidades que Deus lhe dá. É por isso que de vez em quando precisa desacelerar, respirar fundo e focar seus pensamentos em duas coisas: os talentos que Deus lhe concedeu e as oportunidades que ele pôs diante de você. Ele está conduzindo sua vida em direção a essas oportunidades. Sua tarefa é observar cuidadosamente, orar fervorosamente e agir de acordo com sua fé.

CONSIDERE AS POSSIBILIDADES

As adversidades dos homens são grandes oportunidades para Deus.

Matthew Henry

Às vezes Deus fecha uma porta diante de nós para que outras – pelas quais ele deseja que atravessemos – sejam abertas.

Catherine Marshall

Deus é especialista em pegar tragédias e transformá-las em triunfo. Quanto maior a tragédia, maior o potencial para o triunfo.

Charles Stanley

UM CONSELHO PARA ABRAÇAR AS MUDANÇAS

Mantenha o foco nas oportunidades, e não nos obstáculos. As estradas da vida são cheias de buracos e desvios. É evidente que você os encontrará de vez em quando, assim como as pessoas de sua família. No entanto, não gaste muita energia focando nas desgraças passadas. Nas estradas da vida, a murmuração pode ser um beco sem saída.

UM MOMENTO PARA REFLETIR

Meus pensamentos sobre as coisas milagrosas que Deus fez no passado e as coisas milagrosas que ele pode fazer no presente.

Capítulo 15

QUANDO CHEGA A DEPRESSÃO

*"Pois a sua ira só dura um instante,
mas o seu favor dura a vida toda;
o choro pode persistir uma noite,
mas de manhã rompe a alegria."*

—

Salmo 30.5

O PLANO DE DEUS PARA MUDAR SUA VIDA

Ao longo de nossa vida enfrentamos perdas que parecem abalar a nossa esperança. A tristeza que acompanha tais momentos é um fato inescapável da vida. Com o tempo, contudo, passamos pelo luto, a tristeza começa a diminuir e o curso da vida volta ao normal. Depressão, no entanto, é mais do que uma tristeza... muito mais.

> Não há vale tão profundo que não possa ser superado pela profundidade do amor de Deus.
>
> —
>
> *Corrie ten Boom*

Depressão é uma condição física e emocional que, na maior parte dos casos, é tratada com medicação e terapia. Não é uma doença com a qual possamos lidar como se fosse um probleminha qualquer. Se deixada de lado, a depressão pode apresentar perigo real e intenso à saúde física do paciente, assim como ao seu bem-estar emocional.

Se você está se sentindo triste, talvez seja uma resposta lógica aos desapontamentos da vida cotidiana. Contudo, se os seus sentimentos de tristeza têm perdurado mais do que você acha que deveriam – ou se alguém próximo sente que a sua tristeza avançou de estágio para uma depressão –, então é hora de buscar uma ajuda profissional.

QUANDO CHEGA A DEPRESSÃO

Aqui vão alguns conselhos simples para ajudá-lo a pensar na possibilidade de buscar ajuda profissional e fazer uso de medicamentos:

1. Se os seus sentimentos de tristeza resultaram numa mudança persistente e prolongada no seu sono ou se você está experimentando uma mudança significativa no seu peso (ganhando ou perdendo), procure um médico.

2. Se você persiste em ter comportamentos autodestrutivos ou acha que perdeu a vontade de viver, consulte um terapeuta e um médico imediatamente.

3. Se alguém em quem você confia está lhe implorando que busque apoio terapêutico, marque uma sessão com um profissional capacitado para que ele avalie sua condição.

4. Se você sofre com sentimentos prolongados, intensos e consistentes de desesperança, então marque uma consulta com um médico, com um psicólogo ou com o seu pastor.

A Palavra de Deus tem muitas coisas a dizer acerca de cada aspecto da sua vida, incluindo sua saúde emocional. E quando você enfrentar problemas de qualquer natureza – o que inclui os sintomas de depressão –, lembre-se de que Deus está ao seu lado. O seu Criador deseja que a alegria dele se torne sua também. Mesmo assim, por causa das circunstâncias inevitáveis do dia a dia, às vezes você rejeitará – ainda que temporariamente – a alegria de Deus.

Portanto, se você estiver se sentindo verdadeiramente deprimido, confie na capacidade do seu médico para fazer o que ele sabe fazer. Em seguida, coloque sua confiança máxima no seu bondoso Pai Celestial. Seu toque curador, assim como o seu amor, dura para sempre.

Deus é especialista;
ele é capaz de
trabalhar por meio
de nossas falhas para
cumprir seus planos.
Muitas vezes a porta
para o sucesso é
precedida pelo hall
do fracasso.

—

Erwin Lutzer

O PLANO DE DEUS PARA MUDAR SUA VIDA

"O Deus de toda a graça, que os chamou para a sua glória eterna em Cristo Jesus, depois de terem sofrido durante pouco tempo, os restaurará, os confirmará, os fortalecerá e os porá sobre firmes alicerces."

1Pedro 5.10

"O SENHOR é a minha força e a minha canção; ele é a minha salvação! Ele é o meu Deus e eu o louvarei, é o Deus de meu pai, e eu o exaltarei!"

Êxodo 15.2

"Então o Espírito veio sobre Amasai, chefe do batalhão dos Trinta, e ele disse: 'Somos teus, ó Davi! Estamos contigo, ó filho de Jessé! Paz, paz seja contigo, e com os teus aliados, pois o teu Deus te ajudará'. Davi os recebeu e os nomeou chefes dos seus grupos de ataque."

1Crônicas 12.18

"Ele fortalece ao cansado e dá grande vigor ao que está sem forças."

Isaías 40.29

"Tudo posso naquele que me fortalece."

Filipenses 4.13

Sentimentos de inutilidade e falta de esperança não são da parte de Deus, mas do diabo, que deseja desencorajar e frustrar sua vida diante do Senhor.

Bill Bright

O que o diabo ama fazer é colocar em nós aquela vaga sensação de culpa por algo que possamos ter feito ou orgulho por alguma virtude que carregamos, de forma que elas nos empurrem tanto para o desespero quanto para a presunção.

C. S. Lewis

Nos anseios da nossa alma, devemos permanecer quietos para que possamos ouvir o Senhor dizer tudo o que ele deseja dizer ao nosso coração.

Charles Swindoll

UM CONSELHO PARA ABRAÇAR AS MUDANÇAS

Depressão é um problema sério, mas possível de ser tratado... encare-a dessa forma.

UM MOMENTO PARA REFLETIR

Meus pensamentos sobre as promessas de Deus sobre me amar e me proteger hoje e sempre.

___

___

___

___

___

___

___

___

___

___

___

___

Capítulo 16

MANTENDO OS BENS EM PERSPECTIVA

"Não acumulem para vocês tesouros na terra, onde a traça e a ferrugem destroem, e onde os ladrões arrombam e furtam. Mas acumulem para vocês tesouros no céu, onde a traça e a ferrugem não destroem, e onde os ladrões não arrombam nem furtam. Pois onde estiver o seu tesouro, aí também estará o seu coração."

—

Mateus 6.19-21

O PLANO DE DEUS PARA MUDAR SUA VIDA

Com grande frequência canalizamos nossas emoções e pensamentos buscando acumular tesouros desta terra, criando níveis altíssimos de estresse em nossa vida e deixando muito pouco tempo para acumular tesouros onde eles realmente são valiosos: no céu. Nossos bens materiais têm o potencial de nos oferecer grandes benefícios – dependendo da forma como os utilizemos. Se permitirmos que as coisas que possuímos nos possuam, então pagaremos um preço altíssimo por invertermos as nossas prioridades.

Nossa sociedade intencionalmente coloca o foco nas coisas materiais, mas a Palavra de Deus nos ensina que o dinheiro tem um valor pequeno quando comparado aos dons espirituais que o Criador oferece àqueles que o colocam como prioridade em sua vida. Por isso, coloque hoje mesmo seus bens em perspectiva. Lembre-se de que Deus deve ocupar o primeiro lugar e que todo o resto deve estar em segundo plano. Quando você dá a Deus o lugar certo em seu coração, passa a ter uma visão mais clara das coisas que realmente importam. Assim, pode agradecer com alegria ao seu Pai Celestial pelas bênçãos espirituais que são, de fato, numerosas demais para serem contadas.

MANTENDO OS BENS EM PERSPECTIVA

"Então lhes disse: 'Cuidado! Fiquem de sobreaviso contra todo tipo de ganância; a vida de um homem não consiste na quantidade dos seus bens.'"

Lucas 12.15

"Pois, que adianta ao homem ganhar o mundo inteiro e perder a sua alma? Ou, o que o homem poderia dar em troca de sua alma?"

Marcos 8.36-37

"Quem confia em suas riquezas certamente cairá, mas os justos florescerão como a folhagem verdejante."

Provérbios 11.28

"Vistam toda a armadura de Deus, para poderem ficar firmes contra as ciladas do Diabo."

Efésios 6.11

"Vemos, portanto, que o Senhor sabe livrar os piedosos da provação e manter em castigo os ímpios para o dia do juízo."

2Pedro 2.9

CUIDADO PARA NÃO SE TORNAR MUITO AMIGO DO MUNDO

Nós vivemos neste mundo, mas não devemos adorá-lo. Nosso dever é colocar Deus acima de todas as coisas, e todo o resto abaixo dele. Contudo, porque somos seres falíveis, com uma fé imperfeita, colocar Deus no seu devido lugar é muito difícil. De fato, somos tentados a fazer o contrário do que sabemos ser o certo.

O mundo é um lugar barulhento, cheio de distrações que nos fazem perder a perspectiva de fazer a vontade de Deus. O mundo parece reivindicar: "Me adore com o seu tempo, com o seu dinheiro, com a sua energia e com os seus pensamentos"! No entanto, Deus ordena que façamos algo diferente disso: exige de nós adoração exclusiva a ele. Tudo o mais deve ser secundário.

> A ganância escraviza. Quanto mais você tem, mais você quer ter – até que, mais cedo ou mais tarde, a avareza consome o seu coração.
>
> —
>
> *Kay Arthur*

MANTENDO OS BENS EM PERSPECTIVA

Como mordomos fiéis do que temos, não deveríamos dar nossos mais elevados pensamentos ao Grandioso Deus?

Elisabeth Elliott

É importante considerarmos a quantidade de tempo, esforço, sacrifício, compromisso e atenção que temos dado para adquirir e aumentar nossa quantidade de bens que são totalmente insignificantes da perspectiva da eternidade.

Anne Graham Lotz

As Escrituras também nos alertam quanto ao fato de que quando somos consumidos pela ganância, não apenas desobedecemos a Deus, mas também perdemos a oportunidade de permitir que ele nos use como instrumentos na vida de outros.

Charles Stanley

UM CONSELHO PARA ABRAÇAR AS MUDANÇAS

A Palavra de Deus nos adverte quanto ao perigo das armadilhas do materialismo. Bens materiais podem parecer atraentes a princípio, mas perdem o brilho diante dos dons espirituais que Deus dá àqueles que o colocam em primeiro lugar em suas vidas. Que você seja contado entre os que agem assim.

UM MOMENTO PARA REFLETIR

Meus pensamentos sobre os perigos do materialismo.

_____

_____

_____

_____

_____

_____

_____

_____

_____

_____

_____

_____

_____

Capítulo 17

SUPORTANDO TEMPOS DIFÍCEIS

"Não só isso, mas também nos gloriamos nas tribulações, porque sabemos que a tribulação produz perseverança; a perseverança, um caráter aprovado; e o caráter aprovado, esperança."

—

Romanos 5.3-4

O PLANO DE DEUS PARA MUDAR SUA VIDA

À medida que a vida avança, nos deparamos com momentos de decepção e revés: aquelas visitas ocasionais dos velhos problemas são simplesmente um fato do qual nenhum de nós está livre. Quando os tempos difíceis aparecem, podemos ser forçados a reorganizar nossos planos e prioridades. No entanto, mesmo nos dias mais difíceis, precisamos nos lembrar de que o amor de Deus permanece constante.

> Por meio de todas as crises da vida – e todos nós as enfrentaremos –, temos um magnífico abrigo.
>
> —
>
> *Franklin Graham*

O fato de nos depararmos com adversidades não é mais importante do que a forma como escolhemos lidar com elas. Quando tempos difíceis chegam, temos que fazer uma escolha: podemos escolher a difícil tarefa de enfrentar os nossos problemas ou deixá-los para lá. Quando tomamos a coragem de realmente encarar o velho problema, olhando-o nos olhos, ele parece ficar menor, até desaparecer. Mas se a nossa escolha é a de evitarmos lidar com o problema em questão, mesmo as menores perturbações encontram uma forma de se transformarem em grandes catástrofes.

Como cristãos, sabemos que Deus nos ama e que nos protegerá. Em tempos de dificuldade, ele nos confortará; em tempos de tristeza, ele enxugará as nossas lágrimas. Quando estivermos atribulados ou fracos ou cabisbaixos, Deus sempre estará ao nosso lado. Precisamos construir a nossa vida na rocha, para que ela jamais possa ser abalada: nós precisamos confiar em Deus. E então poderemos continuar a lidar com o desafiador exercício de enfrentar os nossos problemas... porque se não fizermos isso, quem fará? Quem mais deveria fazer?

Quando você atravessar as águas, eu estarei com você; e, quando você atravessar os rios, eles não o encobrirão. Quando você andar através do fogo, você não se queimará; as chamas não o deixarão em brasas. Pois eu sou o SENHOR, o seu Deus, o Santo de Israel, o seu Salvador; dou o Egito como resgate por você, a Etiópia e Sebá em troca de você.

—

Isaías 43. 2-3

SUPORTANDO TEMPOS DIFÍCEIS

"O SENHOR é refúgio para os oprimidos, uma torre segura na hora da adversidade."

Salmo 9.9

"Pois me livraste da morte e aos meus pés de tropeçar, para que eu ande diante de Deus na luz que ilumina os vivos."

Salmo 56.13

"Não andem ansiosos por coisa alguma, mas em tudo, pela oração e súplicas, e com ação de graças, apresentem seus pedidos a Deus. E a paz de Deus, que excede todo o entendimento, guardará os seus corações e as suas mentes em Cristo Jesus."

Filipenses 4.6-7

"Venham a mim, todos os que estão cansados e sobrecarregados, e eu darei descanso a vocês. Tomem sobre vocês o meu jugo e aprendam de mim, pois sou manso e humilde de coração, e vocês encontrarão descanso para as suas almas. Pois o meu jugo é suave e o meu fardo é leve."

Mateus 11.28-30

QUANDO SUA FÉ É TESTADA

A vida é uma obra de tapeçaria que mescla os bons e os maus dias. Os bons dias, no entanto, predominarão. Durante os bons dias, somos tentados a tomar as nossas bênçãos como garantidas (uma tentação que devemos resistir com toda a nossa força). Contudo, durante os dias de dificuldade, descobrimos exatamente do que somos feitos. E, o mais importante, descobrimos do que é feita a nossa fé.

Sua fé já foi testada? Se já, então você sabe que com a ajuda de Deus pode enfrentar os dias mais nebulosos da vida. Mas caso ainda não tenha enfrentado os inevitáveis desafios e tragédias da vida nesta terra, não se preocupe: você ainda enfrentará. E quando sua fé for testada, descanse confiante no fato de que Deus, em sua perfeita vontade, dará a você forças para o desafio.

> Como Paulo, nós devemos carregar os espinhos para descobrirmos a perfeita suficiência de Deus.
>
> — Beth Moore

SUPORTANDO TEMPOS DIFÍCEIS

Não é algo ruim vermos vez ou outra o chão ser abalado debaixo dos nossos pés. Isso nos dá uma sensação mais apurada da diferença entre estarmos sobre a rocha e sobre a areia. Impede-nos de ficar seguros demais por causa das circunstâncias.

Madeleine L'Engle

Quando enfrentamos uma situação impossível, toda autoconfiança se esvai; nessas horas precisamos depender totalmente dele para recebermos os recursos necessários.

Anne Graham Lotz

Lembre-se: cada flor teve que lidar com toda a poeira do solo antes de florescer.

Barbara Johnson

UM CONSELHO PARA ABRAÇAR AS MUDANÇAS

Se estiver enfrentando dias difíceis, não aperte o botão de pânico nem deixe tudo contido dentro de você. Encontre uma pessoa em quem possa confiar e converse sobre o que está acontecendo. Uma segunda opinião (ou, se precisar, uma terceira, quarta, quinta) geralmente é muito importante.

UM MOMENTO PARA REFLETIR

Meus pensamentos sobre algumas lições que aprendi com os dias difíceis.

_____

_____

_____

_____

_____

_____

_____

_____

_____

_____

_____

_____

Capítulo 18

FAZENDO HOJE

*"Quem observa o vento não plantará;
e quem olha as nuvens não colherá."*
—
Eclesiastes 11.4

O PLANO DE DEUS PARA MUDAR SUA VIDA

Quando as inevitáveis mudanças da vida parecem fazer muita pressão, é fácil (e tentador) evitar as tarefas difíceis que, se possível, você deixaria bem longe. O hábito da procrastinação, acredite, custa caro: primeiro, um trabalho importante não é terminado. Depois, uma energia valiosa é desperdiçada no processo de ter sido colocada em tarefas inconclusas.

> Agora não facilmente se transforma em nunca.
>
> —
>
> Martinho Lutero

Deus criou um mundo que pune a procrastinação e recompensa os homens e as mulheres que "fazem agora". Em outras palavras, a vida não protela. E nem você deveria fazê-lo. Por isso, se tem deixado as coisas de lado em vez de resolvê-las, aqui vão algumas dicas do que você pode fazer:

1. Tenha uma clara noção dos seus objetivos de curto e longo prazo e estabeleça prioridades que estejam de acordo com esses objetivos.

2. Quando estiver diante de tarefas desagradáveis, realize-as imediatamente, de preferência a primeira coisa da manhã (mesmo se a tarefa for uma atividade

de baixa prioridade, vá adiante e faça logo o que precisa ser feito). Eliminar tarefas desagradáveis logo de manhã vai melhorar a qualidade do seu dia e preveni-lo de gastar muita energia no processo de luta interna.

3. Evite a armadilha do perfeccionismo. Esteja disposto a fazer o seu melhor, mas esteja satisfeito com os seus resultados.

4. Se você não tiver, adquira um programa de planejamento diário ou semanal que se ajuste às suas necessidades. Se usado corretamente, um calendário de planejamento vale muito mais do que o valor que você pagará por ele.

5. Comece cada dia de trabalho com uma lista do que fazer, esboçada de acordo com o grau de importância das atividades. Na hora do almoço, tire um momento para refletir, reexaminar sua lista e focar seus esforços nas coisas mais importantes a serem feitas no resto do dia.

"Se você vacila no dia da dificuldade, como será limitada a sua força!"

Provérbios 24.10

"O preguiçoso não ara a terra na estação própria; mas na época da colheita procura, e não acha nada."

Provérbios 20.4

"Quando você fizer um voto, cumpra-o sem demora, pois os tolos desagradam a Deus; cumpra o seu voto."

Eclesiastes 5.4

"Comportemo-nos com decência, como quem age à luz do dia, não em orgias e bebedeiras, não em imoralidade sexual e depravação, não em desavença e inveja. Pelo contrário, revistam-se do Senhor Jesus Cristo, e não fiquem premeditando como satisfazer os desejos da carne."

Romanos 13.13-14

"Tudo o que fizerem, façam de todo o coração, como para o Senhor, e não para os homens."

Colossenses 3.23

FAZENDO HOJE

NÃO TENHA MEDO DE COMEÇAR COM PEQUENOS PASSOS

Talvez os seus problemas sejam simplesmente muito grandes para serem resolvidos de uma vez só. Contudo, porque você não consegue resolvê-los de uma vez não significa que não deve fazer nada. Por isso, hoje, como um favor a si mesmo e uma forma de quebrar as cadeias da procrastinação, faça algo para tornar a situação melhor. Mesmo um pequeno passo na direção certa é um passo na direção certa. E um pequeno passo é muito, muito melhor do que não dar passo algum.

> Descobri que a pior coisa a se fazer quando estou em uma situação de pressão é desistir de lidar com ela.
>
> —
>
> *John Maxwel*

Faça o trabalho indesejado primeiro e depois aproveite o resto do dia.

Marie T. Freeman

Não posso consertar o que eu não enfrentar.

Jim Gallery

Não construa obstáculos em sua imaginação. Dificuldades devem ser analisadas e enfrentadas, e não ampliadas pelo medo.

Norman Vincent Peale

Faça coisas nobres; não sonhe com elas o dia inteiro.

Charles Kingsley

UM CONSELHO PARA ABRAÇAR AS MUDANÇAS

O hábito da procrastinação geralmente está enraizado no medo do fracasso, no medo do desconforto e no medo da vergonha. Seu desafio é confrontar esses medos e vencê-los.

FAZENDO HOJE

UM MOMENTO PARA REFLETIR

Meus pensamentos sobre a importância de enfrentar o que venho tentando evitar.

_____

_____

_____

_____

_____

_____

_____

_____

_____

_____

_____

_____

Capítulo 19

VIVA COM CORAGEM

*"Não temerá más notícias;
seu coração está firme, confiante no SENHOR.
O seu coração está seguro e nada temerá.
No final, verá a derrota dos seus adversários."*
—
Salmo 112.7-8

O PLANO DE DEUS PARA MUDAR SUA VIDA

A vida de cada pessoa é uma combinação de muitos eventos: alguns maravilhosos, alguns não tão bons e outros desastrosos. Quando visitamos os lugares altos da vida, louvar a Deus não é difícil. De fato, é bem fácil. Nos momentos de triunfo nos curvamos e louvamos a Deus por nossas vitórias. No entanto, quando falhamos em alcançar o topo da montanha, quando enfrentamos as inevitáveis perdas que fazem parte da vida de todas as pessoas, achamos muito mais difícil louvar a Deus como ele merece. No entanto, seja no topo da montanha ou nos vales da vida, devemos dar graças a Deus e louvá-lo em todas as circunstâncias.

Da próxima vez que se perceber preocupado com os desafios do dia ou com as incertezas do amanhã, faça a você mesmo a seguinte pergunta: estou realmente pronto para colocar minhas preocupações e minha vida nas mãos amorosas do Deus Todo-poderoso que conhece todas as coisas? Se a sua resposta for positiva – e ela deve ser –, então você poderá encontrar coragem na verdadeira fonte de força, que nunca falha: seu Pai que está no céu.

Deus não é um ser distante. Ele não se ausentou deste mundo; tampouco se ausentou do seu mundo particular. Deus não está "lá fora", ele está "bem aqui" continuamente remodelando o universo e também a vida das pessoas que vivem nele.

VIVA COM CORAGEM

Deus está sempre com você, ouvindo os seus pensamentos e orações, cuidando de cada passo que você dá. Se as demandas do dia a dia são pesadas demais, você pode ser tentado a ignorar a presença de Deus e – o que é pior – perder a fé nas promessas dele. Entretanto, quando você aquietar o coração e reconhecer a presença dele, Deus tocará o seu coração e restaurará a sua coragem.

> A fé é mais forte do que o medo.
> —
> *John Maxwell*

Neste exato momento – enquanto você está cumprindo as suas obrigações e passando por tempos difíceis –, Deus está trabalhando em você e por seu intermédio. Ele o convida para viver abundante e corajosamente... e ele está disposto a ajudá-lo a viver dessa maneira. Portanto, por que não deixá-lo fazer isso... começando agora?

"E acrescentou: 'Seja forte e corajoso! Mãos ao trabalho! Não tenha medo nem se desanime, pois Deus, o SENHOR, o meu Deus, está com você. Ele não o deixará nem o abandonará até que se termine toda a construção do templo do SENHOR.'"

1Crônicas 28.20

O PLANO DE DEUS PARA MUDAR SUA VIDA

"Portanto, temos sempre confiança e sabemos que, enquanto estamos no corpo, estamos longe do Senhor. Porque vivemos por fé, e não pelo que vemos."
2Coríntios 5.6-7

"Pois Deus não nos deu espírito de covardia, mas de poder, de amor e de equilíbrio."
2Timóteo 1.7

"O próprio SENHOR irá à sua frente e estará com você; ele nunca o deixará, nunca o abandonará. Não tenha medo! Não se desanime!"
Deuteronômio 31.8

"Moisés respondeu ao povo: 'Não tenham medo. Fiquem firmes e vejam o livramento que o SENHOR lhes trará hoje, porque vocês nunca mais verão os egípcios que hoje veem.'"
Êxodo 14.13

A fé pode ajudá-lo não apenas a passar por uma crise, como pode ajudá-lo a lidar com a vida depois dos tempos difíceis, com uma perspectiva completamente nova. Ela pode ajudá-lo a adotar um olhar de esperança e coragem para lidar com a realidade.

John Maxwell

VIVA COM CORAGEM

Sabendo que existe um capitão que conduz o nosso barco, e que jamais permitirá que pereçamos, mesmo no meio das tempestades, não há razões para que nos sintamos pressionados em nossa mente com o medo e a preocupação.

João Calvino

Como uma dinamite, o poder de Deus é apenas um poder latente até que entre em ação. Você pode fazer com que o poder de Deus entre em ação na vida das pessoas e no mundo por meio da fé, por meio das palavras e pela oração.

Bill Bright

A fé é mais forte do que o medo.

John Maxwell

Não permita que Satanás o engane a ponto de fazê-lo temer os planos de Deus para a sua vida.

R. A. Torrey

Jesus Cristo pode fazer com que o homem mais fraco seja transformado em um corajoso homem de Deus, que não teme absolutamente mais nada.

Oswald Chambers

Talvez eu seja mais forte do que imagino.

Thomas Merton

UM CONSELHO PARA ABRAÇAR AS MUDANÇAS

Tendo Deus como seu companheiro não há nada a temer. Por quê? Porque você e Deus, trabalhando juntos, podem lidar com absolutamente tudo aquilo que aparece pelo caminho. Portanto, na próxima vez que precisar de uma dose extra de coragem, comprometa-se novamente em uma relação pessoal com o seu Criador. Quando você se render a ele verdadeiramente, ele jamais o desapontará.

UM MOMENTO PARA REFLETIR

Meus pensamentos sobre confiar em Deus para que eu consiga passar pelos desafios de hoje.

_____

_____

_____

_____

_____

_____

_____

_____

_____

_____

_____

Capítulo 20

VOCÊ NUNCA ESTÁ SOZINHO

*"O próprio SENHOR irá à sua frente
e estará com você; ele nunca o deixará,
nunca o abandonará. Não tenha medo!
Não se desanime!"*

—

Deuteronômio 31.8

Se Deus está em todos os lugares, por que às vezes ele parece tão distante? A resposta a essa pergunta, obviamente, não tem absolutamente nada a ver com Deus, mas tem tudo a ver conosco.

Quando começamos o nosso dia de joelhos, em louvor e adoração a Deus, ele parece sempre muito perto. Por outro lado, quando ignoramos sua presença ou – o que é pior – nos rebelamos contra ele, o mundo no qual vivemos parece se transformar em um deserto.

> Deus está no meio do que quer que tenha acontecido, esteja acontecendo ou venha a acontecer.
>
> —
>
> *Charles Swindoll*

Você está cansado, sem coragem e com medo? Seja confortado na certeza de que Deus está com você. Você está confuso ou amargurado? Converse com Deus e busque a direção dele. Você está celebrando uma grande vitória? Agradeça a Deus e louve o nome do Senhor. Ele é aquele de quem vêm todas as bênçãos.

Seja qual for a condição na qual você se encontra, onde quer que esteja, estando triste ou feliz, vitorioso ou derrotado, atribulado ou triunfante, celebre a presença de Deus.

"Aproximem-se de Deus, e ele se aproximará de vocês! Pecadores, limpem as mãos, e vocês, que têm a mente dividida, purifiquem o coração."

Tiago 4.8

"Não os deixarei órfãos; voltarei para vocês."

João 14.18

"E este é o seu mandamento: que creiamos no nome de seu Filho Jesus Cristo e que nos amemos uns aos outros, como ele nos ordenou. Os que obedecem aos seus mandamentos permanecem nele, e ele neles. Deste modo sabemos que ele permanece em nós: pelo Espírito que nos deu."

1João 3.23-24

"Pois os olhos do SENHOR estão atentos sobre toda a terra para fortalecer aqueles que lhe dedicam totalmente o coração. Nisso você cometeu uma loucura. De agora em diante terás que enfrentar guerras."

2Crônicas 16.9

PASSANDO MOMENTOS DE SILÊNCIO COM DEUS

Vivemos em um mundo em constante mudança e altamente acelerado. As demandas do dia a dia parecem nos pressionar algumas vezes, mas quando desaceleramos e buscamos a presença desse Deus amoroso, convidamos a sua paz para que inunde o nosso coração.

Você separa tempos de silêncio para passar a sós com o seu Criador? Deveria fazê-lo. Durante esses momentos de calma é possível sentir a presença do poder e do amor de Deus.

As conhecidas palavras do Salmo 46.10 nos lembram: "Parem de lutar! Saibam que eu sou Deus." Quando fazemos isso, encontramos a maravilhosa presença do nosso Pai Celestial amoroso e somos confortados pela lembrança de que Deus não apenas está perto. Ele está aqui.

Deus fez isso para que
os homens o buscassem
e talvez, tateando,
pudessem encontrá-lo,
embora não esteja longe
de cada um de nós.
—
Atos 17.27

O silêncio de Deus não é de forma alguma um medidor do envolvimento dele em nossa vida. Ele pode estar em silêncio e, ainda assim, trabalhando.
Charles Swindoll

Deus não está mais preocupado com o tempo da revelação dos seus propósitos no universo do que um autor de um romance está preocupado com o tempo imaginário do desenrolar de sua obra. Ele tem um grau infinito de atenção a oferecer a cada um de nós. Ele não precisa lidar conosco em massa. Você está tão sozinho com ele como se fosse o único ser que ele houvesse criado. Quando Cristo morreu, ele morreu por você individualmente, como se você fosse o único homem no mundo.
C. S. Lewis

Nós deveríamos aprender a viver na presença do Deus vivo. Ele deve ser um bem precioso para nós: deleitável, confortador, infalível, fonte de vida eterna (João 4.14). Quando confiamos em outras pessoas, suas fontes, cedo ou tarde, secarão. Todavia, a presença do Criador nunca deixará de nos nutrir.
C. H. Spurgeon

Certamente Deus está conosco em tempos difíceis, e esta é uma verdade confortadora. Mas veja: Jesus deseja ser parte de cada experiência e cada momento de nossa vida.

Billy Graham

O verdadeiro teste de estar na presença de Deus é que ou você se esquece de si mesmo ou vê a si mesmo como algo muito pequeno. O melhor mesmo é que você se esqueça de si.

C. S. Lewis

Coloque-se na presença do Pai amoroso. Simplesmente coloque-se diante dele e olhe para a face dele; pense no amor dele, seu maravilhoso, doce e misericordioso amor.

Andrew Murray

UM CONSELHO PARA ABRAÇAR AS MUDANÇAS

Você tem tido problemas para ouvir Deus falar? Se sua resposta for positiva, desacelere um pouco o seu ritmo, evite distrações e fique atento. Deus tem coisas importantes para dizer; sua tarefa é se acalmar e escutar a voz do Senhor.

UM MOMENTO PARA REFLETIR

Meus pensamentos sobre a importância de encontrar um tempo de silêncio todos os dias para sentir a presença de Deus e o seu amor.

_____

_____

_____

_____

_____

_____

_____

_____

_____

_____

_____

Capítulo 21

SEJA GRATO E ADORE A DEUS

*"Portanto, assim como vocês receberam
a Cristo Jesus, o Senhor, continuem a viver nele,
enraizados e edificados nele, firmados na fé, como
foram ensinados, transbordando de gratidão."*
—
Colossenses 2.6-7

O PLANO DE DEUS PARA MUDAR SUA VIDA

Como crentes em Jesus, somos abençoados acima de tudo que se pode medir. Deus enviou o seu único Filho para morrer por nossos pecados. E ainda nos deu os valiosíssimos presentes do amor eterno e da vida eterna. Nós, como resposta, somos encorajados a nos aproximarmos do Pai Celeste com reverência e gratidão. No entanto, algumas vezes, na correria do dia a dia, simplesmente não paramos o suficiente para agradecer ao Criador pelas incontáveis bênçãos derramadas sobre nós.

> Louve e agradeça a Deus por quem ele é e pelo que ele tem feito por você.
>
> —
>
> *Billy Graham*

Quando desaceleramos e expressamos a nossa gratidão Àquele que nos fez, enriquecemos a nossa vida e a vida daqueles que estão à nossa volta. Gratidão deveria se tornar um hábito, uma parte regular da nossa rotina diária. Deus tem nos abençoado para além da conta, e nós devemos tudo a ele, inclusive eterno louvor.

Você é uma pessoa grata? Você agradece os presentes que Deus lhe dá? Você expressa sua gratidão sendo um mordomo fiel dos dons e talentos que recebeu do seu Criador? Você deveria ser grato! Afinal de contas, quando para e pensa, percebe que Deus lhe dá muito mais bênçãos do que você é capaz de contar. Portanto, a pergunta do dia é esta:

SEJA GRATO E ADORE A DEUS

Você agradecerá ao seu Pai Celestial... ou passará o resto do seu tempo gastando energia para fazer outras coisas?

Deus está sempre ouvindo – você está disposto a dizer muito obrigado? Depende de você, e o próximo passo é seu.

"Graças a Deus por seu dom indescritível!"
2Coríntios 9.15

"Que a paz de Cristo seja o juiz em seus corações, visto que vocês foram chamados a viver em paz, como membros de um só corpo. E sejam agradecidos."
Colossenses 3.15

"Como é bom render graças ao SENHOR e cantar louvores ao teu nome, ó Altíssimo."
Salmo 92.1

ADORE-O HOJE

Deus tem um plano maravilhoso para a sua vida e uma parte significativa deste plano inclui adoração. Jamais deveríamos nos enganar: a vida de qualquer pessoa está baseada em alguma forma de adoração. A pergunta não é se adoramos ou não, mas o que adoramos.

Alguns de nós escolhemos adorar a Deus. O resultado é uma colheita abundante de alegria, paz e plenitude. Outros se distanciam de Deus adorando erradamente bens materiais e gratificação pessoal. Fazer isso é incorrer em um erro de proporções profundas.

Você já aceitou a graça do amado Filho de Deus? Então o adore. Adore hoje e por todos os seus dias. Adore com o coração sincero e agradecido. Escreva o nome dele no coração e descanse seguro de que ele também escreveu o seu nome no dele.

> Deem graças em todas as circunstâncias, pois esta é a vontade de Deus para vocês em Cristo Jesus.
> —
> 1Tessalonicenses 5.18

Deus geralmente nos mantém no caminho por meio do conselho de amigos e da orientação de conselheiros espirituais.

Bill Hybels

O ato da gratidão é uma demonstração do fato de que você confiará em Deus.

Kay Arthur

Deus prometeu que se colhermos bem com as sementes da gratidão, então haverá sementes para que possamos plantar na primavera.

Gloria Gaither

UM CONSELHO PARA ABRAÇAR AS MUDANÇAS

Você deve tudo a Deus... inclusive sua gratidão.

UM MOMENTO PARA REFLETIR

Meus pensamentos sobre as muitas formas pelas quais Deus tem abençoado a mim e aos meus amados.

_____

_____

_____

_____

_____

_____

_____

_____

_____

_____

_____

_____

Capítulo 22

ESTUDE A PALAVRA DE DEUS

"Toda a Escritura é inspirada por Deus e útil para o ensino, para a repreensão, para a correção e para a instrução na justiça, para que o homem de Deus seja apto e plenamente preparado para toda boa obra."

—

2Timóteo 3.16-17

As palavras de Mateus 4.4 nos lembram que "Nem só de pão viverá o homem, mas de toda palavra que procede da boca de Deus". Como crentes, devemos estudar a Bíblia e meditar em seu significado para a nossa vida. De outra forma, estaremos nos privando de um presente valioso que foi dado pelo Criador.

A Palavra de Deus é diferente de todos os demais livros. A Bíblia é um mapa para as estradas da vida aqui na Terra e também para a eternidade. Como cristãos, somos desafiados a estudar a Palavra de Deus, seguir os seus mandamentos e compartilhar as Boas-Novas com o mundo.

Jonathan Edwards disse: "Sejam assíduos na leitura das Escrituras Sagradas. Ela é a fonte da qual todo conhecimento de Deus deve ser derivado. Portanto, não permita que este tesouro seja negligenciado." A santa Palavra de Deus é, de fato, muito preciosa, um tesouro único. Uma olhada displicente neste livro é insuficiente para os cristãos que desejam obedecer a Deus e compreender a sua vontade. Afinal, o homem não vive só de pão...

ESTUDE A PALAVRA DE DEUS

"Este é o meu consolo no meu sofrimento: A tua promessa dá-me vida."

Salmo 119.50

"Mas a palavra do Senhor permanece para sempre. Essa é a palavra que lhes foi anunciada."

1Pedro 1.25

"Habite ricamente em vocês a palavra de Cristo; ensinem e aconselhem-se uns aos outros com toda a sabedoria e cantem salmos, hinos e cânticos espirituais com gratidão a Deus em seus corações. Tudo o que fizerem, seja em palavra ou em ação, façam-no em nome do Senhor Jesus, dando por meio dele graças a Deus Pai."

Colossenses 3.16-17

"Pois a palavra de Deus é viva e eficaz, e mais afiada que qualquer espada de dois gumes; ela penetra ao ponto de dividir alma e espírito, juntas e medulas, e julga os pensamentos e intenções do coração."

Hebreus 4.12

A PALAVRA DE DEUS REDUZ O ESTRESSE

Se você está passando por um período de estresse, a Palavra de Deus pode ajudá-lo a ter alívio. E se o seu desejo é experimentar a paz de Deus, um estudo bíblico pode ser uma poderosa ferramenta.

Warren W. Wiersbe destaca que: "Quando os filhos de Deus olham para a Palavra de Deus, eles veem o Filho de Deus. E então são transformados pelo Espírito de Deus para compartilharem a glória de Deus." A santa Palavra de Deus é, de fato, transformadora, redutora de estresse, tesouro inigualável. Cabe a você – e somente a você – fazer bom uso dela.

ESTUDE A PALAVRA DE DEUS

A Bíblia é a Palavra de Deus, dada a nós pelo próprio Deus, para que possamos conhecer o Senhor e a sua vontade para a nossa vida.

—

Billy Graham

Deus nos deu toda sorte de conselhos e direções em sua Palavra escrita; graças ao Senhor, nós a temos toda por escrito.

John Eldredge

Costure a Palavra de Deus em sua mente e coração. Ela permanecerá firme, mesmo que todo o resto da sua vida desmorone.

Gigi Graham Tchividjian

Ninguém jamais superou as Escrituras. O livro se alarga e se aprofunda com o passar dos anos.

Charles Spurgeon

UM CONSELHO PARA ABRAÇAR AS MUDANÇAS

Se você tem uma decisão a tomar, a Bíblia pode lhe ser útil. Se você tem perguntas a fazer, a Bíblia tem respostas a oferecer. Por isso, leve a Bíblia com você para onde for. Nunca se sabe quando precisará de socorro espiritual no meio do dia.

ESTUDE A PALAVRA DE DEUS

UM MOMENTO PARA REFLETIR

Meus pensamentos sobre os benefícios de uma leitura regular das Escrituras.

_____

_____

_____

_____

_____

_____

_____

_____

_____

_____

_____

_____

Capítulo 23

ACEITANDO CONSELHOS

"Se o sábio lhes der ouvidos,
aumentará seu conhecimento, e quem
tem discernimento obterá orientação."
—
Provérbios 1.5

Se você se encontra preso a uma situação difícil, é tempo de começar a buscar amigos sábios e mentores que poderão lhe dar conselhos sólidos. Por que você precisa de ajuda para fazer uma avaliação da pessoa que vê quando se olha no espelho? Porque você está muito perto dessa pessoa, esta é a razão. Muitas vezes você será tentado a se avaliar com nota máxima, quando, na verdade, a avaliação justa seria um pouco mais baixa. Em outras ocasiões, você se tornará o seu maior crítico, dando a si mesmo uma nota baixa quando, na verdade, ela deveria ser mais alta. A verdade, é claro, geralmente está em algum lugar entre esses dois extremos.

> Deus nos guia por meio do conselho de boas pessoas.
>
> —
>
> *E. Stanley Jones*

Encontrar um mentor sábio é apenas a metade da luta. Você precisa da mesma porção de sabedoria – às vezes até mais – para agir a partir dos bons conselhos que lhe foram dados. Por isso, encontre pessoas nas quais possa confiar, e aja de acordo com as instruções que receber.

ACEITANDO CONSELHOS

"Então, Samuel lhe contou tudo, e nada escondeu. Então Eli disse: 'Ele é o SENHOR'; que faça o que lhe parecer melhor.'"

1Samuel 3.18

"Melhor é um jovem pobre e sábio, do que um rei idoso e tolo, que não mais aceita repreensão."

Eclesiastes 4.13

"É melhor ouvir a repreensão de um sábio do que a canção dos tolos."

Eclesiastes 7.5

"O zombador não gosta de quem o corrige, nem procura a ajuda do sábio."

Provérbios 15.12

"Ouça conselhos e aceite instruções, e acabará sendo sábio."

Provérbios 19.20

ENCONTRE UM MENTOR

Se você está passando por tempos difíceis, é importante encontrar mentores que já passaram por períodos conturbados e buscaram ajuda para si – pessoas que têm experiência com os dilemas vividos por você e que podem ajudar compartilhando suas próprias histórias.

> É preciso ser uma pessoa sábia para dar um bom conselho, e uma pessoa mais sábia ainda para recebê-lo.
>
> —
>
> *Marie T. Freeman*

Quando você encontra mentores que são homens e mulheres de Deus, você também se torna uma pessoa de Deus. É por isso que deve buscar conselho com pessoas que, por sua presença e palavras, o ajudarão a ser uma pessoa melhor e, consequentemente, um cristão melhor.

Hoje, como um presente a si mesmo, escolha, entre os seus amigos e familiares, um mentor em cujo julgamento você confia. Faça isso e escute cuidadosamente o que essa pessoa tem a dizer. Esteja disposto a acolher os seus conselhos, mesmo que isso exija esforço ou dor. Considere o seu mentor como um presente de Deus para a sua vida. Agradeça a Deus por este presente e faça bom uso dele para a glória do reino de Deus.

ACEITANDO CONSELHOS

Uma única palavra, se proferida com um espírito amigável, pode ser suficiente para livrar alguém dos perigos do erro.

Fanny Crosby

Deus geralmente nos mantém no caminho por meio do conselho de amigos e de conselheiros espirituais confiáveis.

Bill Hybels

Não abra o seu coração para qualquer pessoa, mas discuta os seus dilemas com alguém que seja sábio e tema a Deus.

Thomas à Kempis

UM CONSELHO PARA ABRAÇAR AS MUDANÇAS

Se você não consegue receber críticas construtivas com a mente aberta, é possível que sofra de um velho e grave problema chamado teimosia. Por isso, peça a Deus que amoleça o seu coração, abra os seus olhos e ilumine a sua mente.

UM MOMENTO PARA REFLETIR

Meus pensamentos sobre a importância de encontrar – e ouvir – mentores confiáveis.

_____

_____

_____

_____

_____

_____

_____

_____

_____

_____

_____

Capítulo 24

USANDO OS SEUS TALENTOS

"Temos diferentes dons, de acordo com a graça que nos foi dada. Se alguém tem o dom de profetizar, use-o na proporção da sua fé. Se o seu dom é servir, sirva; se é ensinar, ensine; se é dar ânimo, que assim faça; se é contribuir, que contribua generosamente; se é exercer liderança, que a exerça com zelo; se é mostrar misericórdia, que o faça com alegria."

—

Romanos 12.6-8

Deus sabia exatamente o que estava fazendo quando lhe deu os talentos e oportunidades que você possui. Agora ele quer usar tudo isso para a glória do Reino de Deus. Portanto, a grande pergunta é: Você vai usar os talentos que recebeu ou não?

Nosso Pai Celestial nos instrui a sermos administradores fiéis dos talentos que ele mesmo derramou sobre nós. No entanto, vivemos em um mundo que nos encoraja a fazer o contrário. Nossa sociedade se organiza de tal forma que está repleta de incontáveis oportunidades que nos levam ao desperdício do tempo, dos recursos e talentos que temos. Por isso, devemos estar atentos às distrações para que elas não nos desviem o foco.

Todos os dias da sua vida você tem uma escolha a fazer: nutrir os seus talentos ou negligenciá-los. Quando você faz uma escolha sábia, Deus o recompensa por seus esforços e expande suas oportunidades para melhor servir ao Senhor.

Se você está verdadeiramente interessado em construir uma vida de sucesso, faça isso usando os dons que Deus lhe deu (em sua infinita sabedoria). Não tente construir uma carreira a partir dos talentos que gostaria que ele tivesse lhe dado.

Neste mundo que está sempre em acelerado processo de mudança, Deus abençoou você com oportunidades únicas de servi-lo. Além disso, ele lhe deu todas as ferramentas necessárias para isso. Portanto, aceite hoje mesmo este desafio: valorize os talentos que Deus lhe deu, nutra cada um deles, fazendo-os crescer, e compartilhe-os com o mundo. Afinal de contas, a melhor forma de dizer "muito obrigado" a Deus pelos talentos recebidos é usando-os.

"O senhor respondeu: 'Muito bem, servo bom e fiel! Você foi fiel no pouco; eu o porei sobre o muito. Venha e participe da alegria do seu senhor!'"

Mateus 25.21

"Toda boa dádiva e todo dom perfeito vêm do alto, descendo do Pai das luzes, que não muda como sombras inconstantes."

Tiago 1.17

"Não negligencie o dom que lhe foi dado por mensagem profética com imposição de mãos dos presbíteros."

1Timóteo 4.14

"Por essa razão, torno a lembrar-lhe que mantenha viva a chama do dom de Deus que está em você mediante a imposição das minhas mãos."

2Timóteo 1.6

AQUIETE-SE

Este é um mundo com mudanças muito rápidas, onde as demandas do dia a dia muitas vezes exercem grande pressão sobre nós. Contudo, quando desaceleramos um pouco e buscamos a presença do nosso Deus de amor, convidamos a sua paz para encher o nosso coração.

Você busca momentos de silêncio e quietude todos os dias para dar graças a Deus e render louvor a ele? Você deveria fazer isso. Durante esses momentos de calma, você provavelmente sentirá o infinito amor e o poder do nosso Senhor.

> Se você deseja alcançar o seu potencial, precisa trabalhar seus talentos da forma mais ética que puder.
>
> —
>
> *John Maxwell*

As conhecidas palavras do Salmo 46.10 nos lembram que podemos nos aquietar e saber que ele é Deus. Quando fazemos isso, encontramos a maravilhosa presença do nosso Pai Celeste e somos abençoados para além do que as palavras são capazes de expressar.

USANDO OS SEUS TALENTOS

Coloque todos os talentos que Deus lhe deu para fazer o bem, o máximo possível de bem, de todas as formas e intensidades.

John Wesley

Deus geralmente revela a sua direção para a nossa vida respeitando a forma como ele nos fez... com uma dose de personalidade e habilidades únicas.

Bill Hybels

Você é um conjunto único de talentos, habilidades e dons, o que faz de você alguém indispensável para o corpo de Cristo.

Charles Stanley

Nessa grande orquestra que nós chamamos de vida você tem um instrumento e uma canção, e tem diante de Deus o dever de tocar de maneira sublime.

Max Lucado

UM CONSELHO PARA ABRAÇAR AS MUDANÇAS

Deus lhe deu um conjunto único de talentos e oportunidades. O resto é com você.

UM MOMENTO PARA REFLETIR

Meus pensamentos sobre a importância de descobrir – e usar – meus talentos.

Capítulo 25

O PODER DA ESPERANÇA

*"Espero no SENHOR com todo o meu ser,
e na sua palavra ponho a minha esperança."*

—

Salmo 130.5

O PLANO DE DEUS PARA MUDAR SUA VIDA

Poucas coisas são tão tristes nesta vida quanto o olhar de um homem ou de uma mulher que perderam a esperança. Em tempos difíceis, a fé pode parecer ilusória, mas aqueles que colocam sua fé nas promessas de Deus nunca a perdem. Afinal de contas, Deus é bom, seu amor dura para sempre, ele prometeu aos seus filhos a bênção da vida eterna. E Deus cumpre todas as suas promessas.

A despeito das promessas de Deus, a despeito do amor de Cristo e das incontáveis bênçãos, nós, seres humanos tão frágeis, podemos perder a esperança de tempos em tempos. Quando isso acontece, precisamos ser encorajados por amigos com os quais verdadeiramente podemos contar, pelo poder transformador da oração e pela capacidade da Palavra de Deus de nos curar.

Se você está percebendo que está caindo nas armadilhas espirituais da preocupação e da falta de coragem, busque o toque restaurador de Jesus por meio do encorajamento da palavra de amigos cristãos. Caso encontre um amigo em necessidade, lembre-o da paz que podemos experimentar por meio de uma relação pessoal com Jesus Cristo. Foi Jesus quem prometeu: "Eu lhes disse essas coisas para que em mim vocês tenham paz. Neste mundo vocês terão aflições; contudo, tenham ânimo! Eu venci o mundo" (João 16.33). Este mundo pode ser um lugar de lutas e tribulações mas, como cristãos, nós estamos seguros. Deus nos prometeu paz, alegria e vida eterna. E, evidentemente, Deus cumpre suas promessas hoje, amanhã e as cumprirá para todo o sempre.

"Apeguemo-nos com firmeza à esperança que professamos, pois aquele que prometeu é fiel."
Hebreus 10.23

"A esperança que se retarda deixa o coração doente, mas o anseio satisfeito é árvore de vida."
Provérbios 13.12

"Sustenta-me, segundo a tua promessa, e eu viverei; não permitas que se frustrem as minhas esperanças."
Salmo 119.116

"Porque sou eu que conheço os planos que tenho para vocês", diz o Senhor, "planos de fazê-los prosperar e não de causar dano, planos de dar-lhes esperança e um futuro. Então vocês clamarão a mim, virão orar a mim, e eu os ouvirei."
Jeremias 29.11-12

SEJA ALEGRE

Você já fez a escolha de celebrar? Espero que sim. Afinal de contas, sendo um cristão, há inúmeras razões para ser alegre. Mesmo assim, algumas vezes você pode perder de vista as bênçãos por causa dos desafios do dia a dia.

O Salmo 100 nos lembra que, como cristãos, temos todas as razões para celebrar: "Aclamem o SENHOR todos os habitantes da terra! Prestem culto ao SENHOR com alegria; entrem na sua presença com cânticos alegres" (Salmo 100.1-2). Ainda assim, muitas vezes é inevitável ficar agitado aqui nesta terra, o que acaba nos fazendo perder – mesmo que temporariamente – a alegria que Deus tem para a nossa vida.

Se você estiver desencorajado ou se sentindo pior, é tempo de desacelerar e ter uma conversa com o seu Criador. Se o seu coração está pesado, abra a porta da sua alma para o Pai e para o seu amado Filho. Jesus Cristo oferece a você a sua paz e alegria. Aceite-as e compartilhe-as livremente, assim como Jesus as tem compartilhado com você.

O PODER DA ESPERANÇA

Eu gostaria de poder fazer tudo novo, mais uma vez; eu não posso. Mas Deus pode. "Ele restaura a minha alma", escreveu o pastor. Deus não faz reformas, ele restaura. Ele não camufla o velho. Ele restaura o novo. O Grande Construtor pegará o plano original e o restaurará. Ele restaurará o seu vigor. Ele restaurará a sua energia. Ele restaurará a sua esperança. Ele restaurará a sua alma.

Max Lucado

Descobri que a tristeza não deve ser temida, mas enfrentada com a esperança e a expectativa de que Deus a usará para me visitar e abençoar a minha vida.

Jill Briscoe

Esperança é nada mais do que a expectativa pelas coisas que a fé me fez crer que foram prometidas por Deus.

João Calvino

Lembre-se disso: Jamais haverá um tempo no qual você não precise ter esperança no Senhor. Sejam quais forem as suas necessidades, seja qual for o tamanho da sua dificuldade, e mesmo que todos pensem que receber ajuda seja impossível, nossa tarefa é esperar no Senhor. Você descobrirá que seu esforço não será em vão.

George Mueller

A fé olha atrás em busca de coragem; a esperança olha adiante e mantém a chama acesa.

John Eldredge

O amor é a semente de toda esperança. Ele nos provoca a confiar, arriscar, tentar e continuar.

Gloria Gaither

As pessoas são genuinamente motivadas pela esperança, e parte dessa esperança é a certeza da glória futura que Deus tem para aqueles que fazem parte do seu povo.

Warren Wiersbe

UM CONSELHO PARA ABRAÇAR AS MUDANÇAS

Deus tem um plano para a sua vida, um convite divino que você tanto pode receber quanto rejeitar. A forma como você decide responder a esse convite determinará a direção que você tomará e as contribuições que dará.

UM MOMENTO PARA REFLETIR

Meus pensamentos sobre o poder da esperança e as recompensas de se crer em Deus.

_____

_____

_____

_____

_____

_____

_____

_____

_____

_____

_____

Capítulo 26

SEU FUTURO BRILHANTE

"*Porque sou eu que conheço os planos que tenho para vocês*", *diz o SENHOR,* "*planos de fazê-los prosperar e não de causar dano, planos de dar-lhes esperança e um futuro. Então vocês clamarão a mim, virão orar a mim, e eu os ouvirei.*"

—

Jeremias 29.11-12

Porque nós fomos salvos por um Cristo que venceu a morte, podemos ter esperança no futuro – a despeito de quão atribuladas as circunstâncias possam parecer. Afinal de contas, Deus prometeu que seríamos seus por toda a eternidade. E ele também nos disse que deveríamos colocar nele a nossa esperança.

É evidente que enfrentaremos momentos de desapontamentos e fracassos enquanto estamos nesta terra. Contudo, lembre-se de que esses são problemas temporários. Este mundo pode ser um lugar de lutas e tribulações, mas quando colocamos a nossa confiança naquele de quem vêm todas as bênçãos, nós estamos seguros. Deus nos prometeu alegria, paz e vida eterna. E ele guarda as suas promessas hoje, amanhã e por todo o futuro.

Você deseja colocar o seu futuro nas mãos de um Deus amoroso, que conhece todas as coisas? Confia na grandiosa bondade que há nos planos dele para a sua vida? Você deveria! Afinal de contas, Deus o criou para um propósito muito importante: o propósito dele. E você ainda tem um trabalho muito importante para realizar: o trabalho do Senhor.

Hoje, enquanto vive o presente e vislumbra o futuro, lembre-se de que Deus tem um plano para você. Aja e creia de acordo com essa lembrança.

SEU FUTURO BRILHANTE

"Reconheça o SENHOR em todos os seus caminhos, e ele endireitará as suas veredas."

Provérbios 3.6

"Agora, pois, vemos apenas um reflexo obscuro, como em espelho; mas, então, veremos face a face. Agora conheço em parte; então, conhecerei plenamente, da mesma forma como sou plenamente conhecido."

1Coríntios 13.12

"Entretanto, cada um continue vivendo na condição que o Senhor lhe designou e de acordo com o chamado de Deus. Esta é a minha ordem para todas as igrejas."

1Coríntios 7.17

"Do SENHOR é a terra e tudo o que nela existe, o mundo e os que nele vivem."

Salmo 24.1

"Preparas um banquete para mim à vista dos meus inimigos. Tu me honras, ungindo a minha cabeça com óleo e fazendo transbordar o meu cálice. Sei que a bondade e a fidelidade me acompanharão todos os dias da minha vida, e voltarei à casa do SENHOR enquanto eu viver."

Salmo 23.5-6

DEIXE DEUS SER O SEU GUIA

A Bíblia promete que Deus guiará os seus passos se você permitir que ele faça isso. Sua tarefa, é claro, é deixá-lo fazer. Em algumas ocasiões, entretanto, você será tentado a não agir assim. Às vezes será tentado a seguir junto com a multidão, em outros momentos será tentado a fazer as coisas à sua própria maneira, e não à maneira de Deus. Quando sentir-se tentado dessas formas, resista!

O que você permitirá ser o seu guia ao longo do dia: os seus desejos (ou, se for o caso, o desejo dos seus pares)? Ou permitirá que Deus conduza os seus passos? A resposta deveria ser óbvia. Você deve deixar Deus ser o seu guia. Quando confia a sua vida completamente ao Senhor, sem reservas, Deus lhe dá a força para enfrentar todos os desafios, a coragem para enfrentar todas as dificuldades e a sabedoria para viver a justiça de Deus. Por isso, confie nele hoje e busque a direção dele. Quando fizer isso, o seu caráter certamente será moldado, e o próximo passo que você der terá muito mais chances de ser correto.

SEU FUTURO BRILHANTE

O futuro está diante de nós. Será que ele deve ser apenas um pequeno avanço em relação ao que costumamos fazer? Não deveria ser um salto, um grande avanço de atitudes e sucessos nem mesmo antes sonhado?

Annie Armstrong

Toda experiência que Deus nos dá, toda pessoa que ele traz para a nossa vida, tudo isso é uma preparação perfeita para o futuro que só ele pode ver.

Corrie ten Boom

Nosso futuro pode parecer intimidador, mas podemos olhar para o Engenheiro do Universo confiantes de que nada escapa da sua atenção ou sai do controle de suas poderosas mãos.

Elisabeth Elliot

Fixe os seus olhos no Senhor! Faça isso uma vez. Faça isso diariamente. Faça isso constantemente. Olhe para o Senhor e mantenha os seus olhos fixos nele.

Charles Swindoll

O plano de Deus para a nossa vida é o de que cresçamos gradualmente em sabedoria, antes que encontremos as encruzilhadas.

Bill Hybels

O cristão acredita em um futuro fabuloso.
Billy Graham

Você realmente deseja que a condução de Deus seja uma realidade em sua vida? O primeiro passo é dizer a Deus que você não dá conta de administrar a si mesmo, que precisa de ajuda dele.
Catherine Marshall

UM CONSELHO PARA ABRAÇAR AS MUDANÇAS

Deus o guiará se você permitir. Sua tarefa é reconhecê-lo e seguir de perto os passos do Filho de Deus.

SEU FUTURO BRILHANTE

UM MOMENTO PARA REFLETIR

Meus pensamentos sobre o futuro brilhante – e a vida eterna – que tenho por meio de Cristo.

Capítulo 27

O SISTEMA DE VALORES QUE VOCÊ DEVE SEGUIR

"Façam o que é justo e bom perante o SENHOR, para que tudo vá bem com vocês e vocês entrem e tomem posse da boa terra que o SENHOR prometeu, sob juramento, a seus antepassados."

—

Deuteronômio 6.18

Talvez você não se dê conta, mas seu caráter é moldado pelos valores que possui. Do momento que o seu despertador toca de manhã até a hora que deita a sua cabeça no travesseiro de noite, suas ações são guiadas pelos valores que você guarda. Se você é um verdadeiro cristão, seus valores são moldados pela Palavra de Deus.

A sociedade tenta impor os seus valores sobre você, no entanto, esses valores são geralmente contrários aos da Palavra de Deus (e consequentemente contrários ao que é melhor para sua vida). O mundo faz promessas que não é capaz de cumprir. Ele promete alegria, contentamento, prosperidade e abundância. No entanto, abundância genuína não é resultado de bens ou status, é resultado dos seus pensamentos, das suas ações e da sua relação com Deus. As promessas do mundo são incompletas e frustrantes, as promessas de Deus são infalíveis. Seu desafio, portanto, é o de construir seu sistema de valores sobre as firmes fundações da promessa de Deus... nada mais o satisfará.

> A obediência
> é a manifestação
> externa do seu amor
> por Deus.
> —
> *Henry Blackaby*

Como um cidadão do século 21, você vive em

um mundo que muda constantemente, no qual há muitas oportunidades de fazer algo errado. O mundo parece clamar: "Me adore com o seu tempo, com o seu dinheiro, com a sua energia e com os seus pensamentos!" Mas Deus nos dá outra instrução: ele diz que você deve adorar somente a ele, e todo o resto deve ser secundário.

Você deseja fortalecer o seu caráter? Caso deseje, precisa construir a sua vida sobre um sistema de valores que coloque Deus em primeiro lugar. Portanto, quando estiver diante de uma decisão difícil ou enfrentando uma tentação poderosa, busque o conselho de Deus e confie que ele o ajudará. Convide Deus para o seu coração e viva de acordo com os seus mandamentos. Estude a Palavra do Senhor e converse sempre com ele. Quando você fizer isso, terá abundância de paz, daquela que só Deus pode oferecer.

"E conhecerão a verdade, e a verdade os libertará."
João 8.32

"Pois o Reino de Deus não consiste de palavras, mas de poder."
1Coríntios 4.20

"Exortando, consolando e dando testemunho, para que vocês vivam de maneira digna de Deus, que os chamou para o seu Reino e glória."
1Tessalonicenses 2.12

"Portanto, visto que temos este ministério pela misericórdia que nos foi dada, não desanimamos. Antes, renunciamos aos procedimentos secretos e vergonhosos; não usamos de engano nem torcemos a palavra de Deus. Ao contrário, mediante a clara exposição da verdade, recomendamo-nos à consciência de todos, diante de Deus."
2Coríntios 4.1-2

"E não nos cansemos de fazer o bem, pois no tempo próprio colheremos, se não desanimarmos."
Gálatas 6.9

NOS TEMPOS DIFÍCEIS DEUS NOS GUIA E NOS ENSINA

Plena maturidade espiritual não é algo que se consegue atingir em um dia, ou em um ano, nem mesmo ao longo do curso de uma vida. A jornada para a maturidade espiritual é um processo contínuo, dia após dia, que atravessa todos os estágios da vida. Cada estágio tem suas oportunidades e desafios, e se formos sábios, nós continuaremos a buscar a direção de Deus à medida que cada novo capítulo se revela.

De tempos em tempos, nos deparamos com circunstâncias que testam a nossa fé. Quando nos deparamos com as tragédias inevitáveis da vida, com as dificuldades, com as incertezas e desapontamentos, podemos ser tentados a culpar Deus ou nos rebelarmos contra ele. Mas a Bíblia nos lembra, no entanto, que as dificuldades da vida devem ser encaradas como oportunidades para crescimento: "Meus irmãos, considerem motivo de grande alegria o fato de passarem por diversas provações, pois vocês sabem que a prova da sua fé produz perseverança. E a perseverança deve ter ação completa, a fim de que vocês sejam maduros e íntegros, sem que falte a vocês coisa alguma" (Tiago 1.2-4).

Você encontrou recentemente algum grande desafio em sua vida? Uma daquelas provas inevitáveis? Se tiver encontrado, lembre-se de que Deus ainda tem lições que ele deseja que você aprenda. Por isso, pergunte a si mesmo: Qual lição Deus está pretendendo me ensinar hoje?

O amor de Deus pelos seus filhos é incondicional, não está preso a nada. No entanto, as bênçãos de Deus na nossa vida decorrem de uma condição – obediência. Se desejamos receber a plenitude de bênçãos que Deus tem para nós, então precisamos obedecer-lhe e guardar os seus mandamentos.

Jim Gallery

Discrepâncias entre valores e práticas criam caos na vida de uma pessoa.

John Maxwell

Dificuldades e sofrimentos nos ensinam a obedecer a Deus pela fé, e logo aprendemos que a obediência tem recompensas incríveis.

Bill Bright

Você receberá inúmeras críticas por priorizar a vontade de Deus para a sua vida, em vez da vontade dos homens... mas, meu amigo, isso vale a pena.

Beth Moore

O SISTEMA DE VALORES QUE VOCÊ DEVE SEGUIR

Se você deseja ser proativo na forma como vive a sua vida, se deseja influenciar a direção na qual a sua vida segue, se deseja exibir as características que considera desejáveis, se deseja viver com integridade, então você precisa saber quais são os seus valores, abraçá-los e praticá-los diariamente.

John Maxwell

Não podemos descansar nas promessas de Deus sem obedecer aos seus mandamentos.

João Calvino

UM CONSELHO PARA ABRAÇAR AS MUDANÇAS

Quando você coloca a sua fé em Deus, a vida se transforma em uma grande aventura energizada pelo poder do Senhor.

UM MOMENTO PARA REFLETIR

Meus pensamentos sobre as recompensas de se obedecer a Deus.

Capítulo 28

A PROTEÇÃO MÁXIMA

*"O SENHOR é a minha rocha,
a minha fortaleza, o meu libertador."*

—

Salmo 18.2

A mão do Senhor nos envolve e conforta em tempos de adversidade. Nos dias difíceis, ele restaura a nossa força; nas horas de tristeza, enxuga as nossas lágrimas. Quando estamos atribulados, fracos, amargurados, Deus está tão próximo de nós quanto o ar que respiramos.

Deus prometeu que nos guardaria, e ele deseja cumprir as suas promessas. Em um mundo cheio de perigos e tentações, o Senhor é a nossa principal armadura. Em um mundo cheio de mensagens estranhas, Deus é aquele em quem mais podemos confiar. Em um mundo com mais frustrações do que somos capazes de contar, ninguém oferece paz como o Filho de Deus.

Você aceitará a paz de Deus e a sua proteção contra os perigos deste mundo? Espero que sim, porque quando fizer isso, será capaz de viver corajosamente, sabendo que está protegido da melhor forma possível: cercado pelo amor de Deus, que não falha.

> Não há apenas temor, mas perigo terrível para a vida daquele que não está guardado por Deus.
>
> —
>
> *Oswald Chambers*

A PROTEÇÃO MÁXIMA

"O SENHOR te abençoe e te guarde; o SENHOR faça resplandecer o seu rosto sobre ti e te conceda graça."
Números 6.24-25

"O SENHOR, o seu Deus, está em seu meio, poderoso para salvar. Ele se regozijará em você, com o seu amor a renovará, ele se regozijará em você com brados de alegria."
Sofonias 3.17

"O meu escudo está nas mãos de Deus, que salva o reto de coração."
Salmo 7.10

"Os que confiam no SENHOR são como o monte Sião, que não se pode abalar, mas permanece para sempre. Como os montes cercam Jerusalém, assim o SENHOR protege o seu povo, desde agora e para sempre."
Salmo 125.1-2

"Finalmente, fortaleçam-se no Senhor e no seu forte poder. Vistam toda a armadura de Deus, para poderem ficar firmes contra as ciladas do Diabo."
Efésios 6.10-11

VOCÊ ESTÁ PROTEGIDO

Mesmo reconhecendo que Deus possa ter conduzido sua vida por caminhos difíceis e dias sombrios, é possível ver a sua fé ser levada ao limite cada vez que você encontrar adversidade pela frente ou incerteza ou mudanças indesejadas. A boa notícia, no entanto, é essa: ainda que as circunstâncias em sua vida mudem, Deus nunca muda.

> A Rocha Eterna é o refúgio mais seguro que existe.
>
> —
>
> *Oswald Chambers*

Da próxima vez que você estiver enfrentando uma situação que provoca temor em seu coração, lembre-se de que não há desafio que seja grandioso demais para o seu Pai Celestial. E enquanto você estiver pensando na grandeza do poder e do amor de Deus, pergunte a si mesmo o que é mais forte: seu temor ou sua fé. A resposta deve ser óbvia.

Onde quer que você esteja, Deus também estará lá. E, porque ele se preocupa com você hoje e sempre, você estará protegido.

A PROTEÇÃO MÁXIMA

Poderosa fortaleza é o nosso Deus. Baluarte que nunca falha. / Ele é o nosso ajudador em meio à imensidão dos problemas. / Nosso Senhor não deixa de trabalhar por nós. / Seu poder é grandioso. / Nada se compara a ele.

Martinho Lutero

Ser amado por ele, cuja opinião importa mais do que qualquer coisa, nos dá segurança para arriscar amar – até mesmo o amor que temos por nós mesmos.

Gloria Gaither

As promessas da Palavra de Deus nos sustentam no sofrimento, e sabemos que Jesus se agrada e se compadece de nós nas horas mais sombrias.

Bill Bright

UM CONSELHO PARA ABRAÇAR AS MUDANÇAS

Quando você convida o amor de Deus para o seu coração, tudo muda... inclusive você.

UM MOMENTO PARA REFLETIR

Meus pensamentos sobre o amor de Deus e sua promessa de proteção.

_____

_____

_____

_____

_____

_____

_____

_____

_____

_____

_____

Capítulo 29

ELE NÃO MUDA

*"De fato, eu, o SENHOR, não mudo.
Por isso vocês, descendentes de Jacó,
não foram destruídos" [...] "Pode um homem
roubar de Deus? Contudo vocês estão me roubando.
E ainda perguntam: 'Como é que te roubamos?'
Nos dízimos e nas ofertas. Vocês estão debaixo de
grande maldição porque estão me roubando;
a nação toda está me roubando. Tragam o dízimo
todo ao depósito do templo, para que haja alimento
em minha casa. Ponham-me à prova", diz o
SENHOR dos Exércitos, "e vejam se não vou
abrir as comportas dos céus e derramar sobre vocês
tantas bênçãos que nem terão onde guardá-las."*

—

Malaquias 3.6, 8-10

Deus é eterno e imutável. Antes mesmo de haver lançado os fundamentos do universo, ele era um ser infinitamente poderoso e amoroso. Ele permanecerá assim por toda a eternidade.

Nós, seres humanos, estamos em constante estado de mudança. Nascemos, crescemos, amadurecemos e morremos. Ao longo da caminhada, inevitavelmente experimentamos momentos de alegria e dificuldade. Lidamos com as mudanças inevitáveis, que são o resultado da nossa mortalidade.

> Quando tudo o mais se vai, Deus ainda permanece. Nada é capaz de mudar Deus.
> —
> *Hannah Whitall Smith*

Deus, contudo, nunca muda. Ele é a rocha sobre a qual você construiu a sua vida? Se a sua resposta for afirmativa, então você fez uma escolha sábia. Sua fé lhe dará a força interior que necessita para superar as demandas e os desafios que a vida nesta terra nos apresenta.

As pressões do dia de hoje parecem sufocantes? Se a sua resposta for sim, você deve descansar não apenas em seus próprios recursos, mas principalmente na Rocha que é inabalável. Deus sustentará a sua mão e o guiará hoje e em todos os dias da sua vida. Mesmo quando as circunstâncias forem difíceis, confie no seu Pai. Suas promessas continuam verdadeiras, seu amor é eterno e, por causa daquele que não pode ser movido por nada, é possível permanecer firme na certeza de que se está protegido hoje e estará para sempre.

> Como filhos de Deus, somos recipientes de um amor generoso. Um amor que nos move a seguir confiando mesmo quando não fazemos ideia do que Deus está fazendo.
>
> —
>
> *Beth Moore*

"Vocês precisam perseverar, de modo que, quando tiverem feito a vontade de Deus, recebam o que ele prometeu."

Hebreus 10.36

"Pois quantas forem as promessas feitas por Deus, tantas têm em Cristo o 'sim'. Por isso, por meio dele, o 'Amém' é pronunciado por nós para a glória de Deus."

2Coríntios 1.20

"Mas eu, quando estiver com medo, confiarei em ti."

Salmo 56.3

"Querendo mostrar de forma bem clara a natureza imutável do seu propósito para com os herdeiros da promessa, Deus o confirmou com juramento, para que, por meio de duas coisas imutáveis nas quais é impossível que Deus minta, sejamos firmemente encorajados, nós, que nos refugiamos nele para tomar posse da esperança a nós proposta."

Hebreus 6.17-18

ELE NÃO MUDA

Em um mundo cada vez mais caótico por causa de tantas mudanças, eventualmente você descobrirá o mesmo que eu descobri: uma das qualidades mais preciosas de Deus é o fato de que ele não muda.

Bill Hybels

Creia apenas, não tenha medo. Nosso Mestre, Jesus, sempre olha por nós. Não importa qual seja a perseguição, Jesus seguramente nos ajudará a superá-la.

Lottie Moon

Nosso futuro pode parecer intimidador, mas podemos olhar para o Engenheiro do Universo, confiantes de que nada escapa da sua atenção nem sai do controle de suas poderosas mãos.

Elisabeth Elliot

As preocupações assumem responsabilidades que pertencem a Deus, e não a você. A preocupação não nos permitirá escapar do mal, pelo contrário, ela nos tornará mais despreparados para lidar com ele quando chegar.

Corrie ten Boom

Não há lugar mais seguro para se viver do que no centro da vontade de Deus.

Calvin Miller

As promessas das Escrituras não são meras palavras de esperança ou palpites santos. Elas são muito mais do que palavras sentimentais a serem impressas e colocadas em cartões feitos na Escola Dominical. Elas são verdades eternas. Elas são verdadeiras. Não há nenhum "talvez" nelas.

Peter Marshall

UM CONSELHO PARA ABRAÇAR AS MUDANÇAS

Você está sendo testado? Clame pelo Senhor. Da próxima vez que estiver sendo provado e sua coragem for ao limite, lembre-se de que Deus está tão perto quanto o ar que você respira. Lembre-se também de que ele oferece força e conforto. Ele é o seu refúgio, o seu protetor e o seu libertador. Clame por ele na hora da angústia e seja confortado. Seja qual for o seu desafio, seja qual for o seu problema, Deus pode lhe dar a força para perseverar. É exatamente isso que você deve pedir a ele.

UM MOMENTO PARA REFLETIR

Meus pensamentos sobre as promessas imutáveis de Deus.

_____

_____

_____

_____

_____

_____

_____

_____

_____

_____

_____

_____

Capítulo 30

COMPARTILHE SEU TESTEMUNHO

*"Pois Deus não nos deu espírito
de covardia, mas de poder, de amor e
de equilíbrio. Portanto, não se envergonhe
de testemunhar do Senhor, nem de mim,
que sou prisioneiro dele, mas suporte
comigo os sofrimentos pelo evangelho,
segundo o poder de Deus."*
—
2Timóteo 1.7-8

O PLANO DE DEUS PARA MUDAR SUA VIDA

Você escolheu permitir que Deus governe sobre a sua vida mesmo nos dias difíceis? Então, você tem uma história muito importante para contar: a sua.

Em sua segunda carta a Timóteo, Paulo compartilha uma mensagem para os cristãos de todas as gerações, ao escrever: "Pois Deus não nos deu espírito de covardia" (2 Timóteo 1.7). O objetivo do apóstolo é bem claro aqui: quando compartilhamos o nosso testemunho, como cristãos, devemos ser corajosos, fortes e destemidos.

Entre os grandes presentes que oferecermos aos nossos amigos e familiares está o desejo de partilharmos aspectos específicos da nossa fé. Algumas vezes, contudo, pelo medo da rejeição, recuamos e deixamos de falar o que Cristo fez em nossa vida. Entretanto, deveríamos ser capazes de superar os nossos medos a fim de contarmos a história de Jesus a um mundo que precisa desesperadamente do toque restaurador das mãos do Mestre.

Quando permitimos que outras pessoas saibam os detalhes da nossa fé, assumimos uma grande responsabilidade: fazer com que nossas palavras estejam chanceladas e credenciadas pelo peso das nossas atitudes. Quando compartilhamos o nosso testemunho, devemos também estar dispostos a servir como um exemplo brilhante da justiça – com exemplos inegáveis das mudanças que Jesus provoca na vida daqueles que o recebem como Senhor e Salvador das suas vidas.

Você está disposto a seguir os passos de Jesus? Se estiver, também deve estar disposto a falar sobre ele. E não se esqueça: a hora de expressar a sua fé nele é esta. Você sabe como ele tocou o seu coração, ajude-o a fazer o mesmo no coração de outros.

> Não há nada que alguém possa fazer para impedir Deus de nos usar. Nós podemos transformar todas as coisas em um testemunho.
> —
> *Corrie ten Boom*

O PLANO DE DEUS PARA MUDAR SUA VIDA

"Antes, santifiquem Cristo como Senhor no coração. Estejam sempre preparados para responder a qualquer que lhes pedir a razão da esperança que há em vocês."

1Pedro 3.15

"O que eu digo a vocês na escuridão, falem à luz do dia; o que é sussurrado em seus ouvidos, proclamem dos telhados."

Mateus 10.27

"Eu digo a vocês: quem me confessar diante dos homens, também o Filho do homem o confessará diante dos anjos de Deus. Mas aquele que me negar diante dos homens será negado diante dos anjos de Deus."

Lucas 12.8-9

"Quanto a mim, que eu jamais me glorie, a não ser na cruz de nosso Senhor Jesus Cristo, por meio da qual o mundo foi crucificado para mim, e eu para o mundo."

Gálatas 6.14

COMPARTILHE SEU TESTEMUNHO

COMISSIONADOS PARA TESTEMUNHAR

Depois da sua ressurreição, Jesus deu uma instrução aos seus discípulos. Como registrado no capítulo 28 do evangelho de Mateus, Cristo instruiu os seus discípulos a compartilharem a mensagem dele com o mundo. Essa "Grande Comissão" se aplica a cristãos de todas as gerações, o que inclui a nossa.

Como cristãos, somos chamados a compartilhar as Boas-Novas de Jesus com a nossa família, vizinhos e com o mundo. O Senhor disse aos seus discípulos que eles seriam pescadores de homens. Nós devemos agir da mesma forma, e devemos fazer isso hoje mesmo. Amanhã pode ser muito tarde.

"Vocês são a luz do mundo. Não se pode esconder uma cidade construída sobre um monte. E, também, ninguém acende uma candeia e a coloca debaixo de uma vasilha. Pelo contrário, coloca-a no lugar apropriado, e assim ilumina a todos os que estão na casa. Assim brilhe a luz de vocês diante dos homens, para que vejam as suas boas obras e glorifiquem ao Pai de vocês, que está nos céus."

Mateus 5.14-16

Nossa comissão é bem específica. Fomos chamados a ser suas testemunhas em todas as nações. A nós, seus discípulos, recusar qualquer parte da sua comissão frustra o amor de Jesus Cristo, o Filho de Deus.

Catherine Marshall

Testemunhar não é algo que fazemos para o Senhor, é algo que ele faz por nosso intermédio, se estivermos cheios do seu Espírito.

Warren W. Wiersbe

Estar em um mundo indiferente e dizer "Veja, aqui está Cristo", é um ato de grande coragem.

Calvin Miller

No fundo do coração, eu acho que cada seguidor de Jesus deseja ser um cristão contagiante. Apesar da incerteza de como fazer isso, ou dos riscos que estão envolvidos nesta tarefa, lá no fundo eles sabem que não existe nada mais recompensador do que ajudar uma pessoa a se abrir para o amor e para a verdade de Deus.

Bill Hybels

A sua luz é a verdade da mensagem do evangelho, assim como o seu testemunho sobre quem Jesus é e o que ele fez em sua vida. Não a apague!

Anne Graham Lotz

COMPARTILHE SEU TESTEMUNHO

Não há emoção mais maravilhosa do que ver alguém vir a Cristo como resultado de eu ter sido fiel em compartilhar a história da minha própria fé.

Vonette Bright

O sermão da sua vida em dias difíceis ministra ao coração das pessoas de forma mais poderosa do que o mais eloquente pregador.

Bill Bright

UM CONSELHO PARA ABRAÇAR AS MUDANÇAS

Você não precisa fazer um seminário para ter opiniões dignas a respeito da sua fé. Por isso, não tenha medo de compartilhar o seu próprio testemunho.

UM MOMENTO PARA REFLETIR

Meus pensamentos sobre as formas pelas quais posso compartilhar o meu testemunho.

_____

_____

_____

_____

_____

_____

_____

_____

_____

_____

_____

_____

_____

COMPARTILHE SEU TESTEMUNHO

"Sabemos que Deus age em todas as coisas para o bem daqueles que o amam, daqueles que são chamados de acordo com o seu propósito."

—

Romanos 8.28

Concedei-me, SENHOR, a serenidade necessária para aceitar as coisas que não posso modificar. Coragem para modificar aquelas que posso e sabedoria para conhecer a diferença entre elas."

—

Reinhold Niebuhr